湛庐CHEERS

与最聪明的人共同进化

HERE COMES EVERYBODY

Moonshot
科学的胜利

[希腊]艾伯乐(Albert Bourla) 著 靳婷婷 译

DR. ALBERT BOURLA

中国财经出版传媒集团
中国财政经济出版社

测一测

你对辉瑞的科学管理了解多少?

扫码鉴别正版图书
获取您的专属福利

- 无论科学把我们带到何处，都要跟随科学的脚步，并将我们的研究结果毫无保留地公开。这是辉瑞一直努力遵从的原则吗？（ ）

A. 是

B. 不是

扫码获取全部测试题及答案，
一起了解辉瑞的科学管理

- 亚里士多德说：“卓越绝非偶然。成就卓越的，是在诸多选项中做出最为明智的选择；决定命运的，不是机遇，而是选择。”这句话适用于企业经营吗？（ ）

A. 是

B. 否

- 组织在进行某项活动时，除了取得预期效果，还能对组织之外的人或社会产生影响。这种现象被称作？（ ）

A. 光环效应

B. 羊群效应

C. 溢出效应

D. 飞轮效应

扫描左侧二维码查看本书更多测试题

永不放弃，一场我们世界的奇迹之旅

吉米·卡特
美国前总统

属于我自己的“奇迹之旅”①，于35年前启程。那时，我与卡特中心（Carter Center）② 的同仁启动了消灭麦地那龙线虫病的计划。当时，有350多万人遭受着这种可怕

① 原文为moonshot，本义为“登月”，引申义为“极具挑战、比登天还难的任务”。——编者注

② 由吉米·卡特及其夫人于1982年成立的非营利性组织，致力于改善多国人民的生活。——译者注

寄生虫的折磨，他们主要生活在非洲的贫困地区。而今，全球麦地那龙线虫病病例只有不到 30 例。

为了实现这一目标，卡特中心数十年如一日，致力于改善全球民众的健康状况，在数万个医疗资源匮乏、得不到应有关注的社区，与 6 种未被重视的可预防热带疾病作斗争。与影响到地球上每个人的新型冠状病毒感染（以下简称新冠病毒感染）不同，这些热带疾病已几乎被人遗忘，因此未得到应有的重视。

在与这些疾病作斗争的过程中，我们获得的最宝贵经验是，为推动全球公共卫生事业而建立跨领域伙伴关系和合作至关重要。而重中之重，在于永不放弃。

我们的工作得以推进，离不开制药行业的不断创新。医学在许多疾病的消灭和根除中，扮演着核心的角色。事实上，我最引以为豪的一个项目，就是卡特中心与辉瑞（Pfizer）及其他机构在根除致盲性沙眼方面长达 20 年的合作。

我们的工作取得了实质性进展。据世界卫生组织确认，截至 2021 年，已有 11 个国家根除了沙眼。我个人希望，我们能够在 2030 年前在全球范围内彻底根除沙眼。在与沙眼的斗争中，我们与辉瑞的合作至关重要，而我也很乐于为辉瑞研发新型冠状病毒疫苗（以下简称新冠疫苗）的故事作序。这是一场我们世界迫切需要的奇迹之旅，也是艾伯乐博士和辉瑞坚信的 Science Will Win 理念的明证。

辉瑞是第一家获得美国食品药品监督管理局（Food and Drug Administration，FDA）批准的新冠疫苗紧急使用授权（Emergency Use Authorization）的公司。艾伯乐博士以目标为导向的领导方式激励着辉瑞员工，从而将不可能变为可能。他们迎战这种疾病的决心，应该得到我们的感激与赞美。我有幸走访辉瑞，切实感受到了辉瑞人在工作中表现出的自豪感：**在世人失去希望时建立希望，在世人质疑科学力量时坚信科学，并自我警醒，永不放弃。**辉瑞人能担起这样的重任，我深感欣慰，却并不惊讶。

这场奇迹之旅的错综复杂，寻找和开发第一款新冠疫苗并将其推向市场的重重阻力，一定会令各位叹为观止。

幸运从未降临在毫无准备的人身上

卓越绝非偶然。成就卓越的，是在诸多选项中做出最为明智的选择；决定命运的，不是机遇，而是选择。

亚里士多德

古希腊哲学家（公元前 384—前 322 年）

2019 年 12 月 31 日，一种引发了类似肺炎症状的神秘病毒开始在少数人身上出现。不久后，这种新型病毒被命名为“严重急性呼吸综合征冠状病毒 2”（SARS-CoV-2）。2020 年 12 月 8 日，年近 91 岁的玛格丽特·基南（Margaret Keenan）在英国考文垂大学医院（Coventry University Hospital）接种了由辉瑞和德国生物新技术公司（BioNTech）联合研制的信使核糖核酸（简称 mRNA）新冠疫苗。她是该疫苗的全球首位接种者。该疫苗能够预防这种近百年来致病性极强的病毒。当身穿喜庆圣诞针织衫的她坐着轮椅被推着经过走廊时，护士和工作人员集体起身为她鼓掌欢呼。与此同时，英国各地的民众也正在举国欢庆，仿佛他们庆祝的是一场战争的结束，而不是一款新疫苗的面世。

主动创造，奇迹之旅开始的地方

这辉煌的产生，离不开 2020 年的那场奇迹之旅，那长达 9 个月令人焦灼的日日夜夜。但是，这段故事要从至少两年半以前说起。2018 年 1 月 1 日，我被任命为辉瑞首席运营官，这个职位给了我一年的时间，为最终升任最高负责人做准备。我的关注点是增长，将“增长绝非机缘巧合，而需主动创造”奉为座右铭。在制药行业，推动增长的唯一方法，就是对患者的生活做出积极的改变。为此，我们必须将辉瑞转型为一家以患者为本的公司，一家坚持科学与创新的公司。我是乐观主义者，这或许是受我母亲的影响。在第二次世界大战大屠杀期间，我的母亲在即将被纳粹行刑队执行枪决之前，表现得非常勇敢和镇定，几分钟后她非常幸运地死里逃生。这让我相信，没有什么事情是不可能的。因此，我对即将由我领军的辉瑞持乐观态度。对此，我有充分的理由。在我之前担任辉瑞首席执行官的伊恩·里德（Ian Read）信念坚定，令我获益良多，在我上任前的 9 年中，他将辉瑞这台“研发引擎”从一家生产力平平的公司转型为行业翘楚。这为我注入了信心，让我能够“心怀远大”地思考辉瑞的转型举措，并雷厉风行地执行我的计划。

在成为首席执行官前的这 12 个月里，我制定了战略，对公司进行了布局，并选出了即将与我一起踏上转型之旅的执行团队。被任命为首席执行官的那一天，我已对想要实施的举措胸有成竹。那天，辉瑞董事会把我叫到加州一家酒店的会议室，宣布了对我的任命。我向他们表示了感谢，并微笑着大声说：“这种事在美国更有可能发生！”在美国，一个有着浓重口音的希腊移民晋升为全球首屈一指的公司的首席执行官才更有可能。

掌舵之后，我立即启动了公司历史上最激动人心的改革。在几个月的时间里，我对公司的业务进行了重组。另外，我们还在公司外为消费者医疗保健业务和辉瑞普强（Pfizer Upjohn）的专利到期药[①]业务找到了更合适的容身之地。这两项业务的体量都很可观。2018年，二者的营业收入（以下简称营收）总和占公司总营收的25%以上，但消费者医疗保健业务的市场份额较低，普强的营收则正在下降。对于这两项业务而言，与继续留在辉瑞相比，新东家能够为它们带来更稳健且光明的前景。辉瑞的消费者医疗保健业务与葛兰素史克的相同业务合并，成立了一家合资公司。该公司是世界上规模最大、成就最为卓著的非处方药公司。辉瑞普强则与迈蓝制药公司（Mylan）合并成全球仿制药巨头晖致公司（Viatris）。业务拆分的过程并不容易。

一想到辉瑞放弃了如此多的营收，我的一些团队成员不禁担忧起来。有人说："辉瑞可能要把'全球最大生物制药公司'的头衔弄丢了。"而我的回答是："我们的目标不该是成为最大，而是成为最好。"我曾经在接受采访时表示："优秀的园丁需要在初春时节就开始为树木修剪枝叶，而辉瑞正处于万物疯长的春天。"当时谁也没有料到，

① 专利到期药也叫学名药、非专利药、仿制药等，指原始药品的专利到期后销售的等效药品。——译者注

放弃这两项稳定但增长缓慢的业务，将全部资源都投入公司的创新型核心业务，不仅让辉瑞在两年后推出了抵御全球流行病的疫苗，同时也让辉瑞重回全球最大生物制药公司的宝座。

除了对“规模”的担忧，我的团队成员还受到了许多情感上的烦扰。让辉瑞名声大噪的一些最具标志性的品牌，都属于这两项业务，包括布洛芬（Advil）、善存、立普妥、络活喜（Norvasc）、万艾可等。这种感觉，仿佛在与自己最大的成就切割开来。但我知道，要想让一家优秀公司跻身伟大公司之列，就要依靠对自身成功业务进行优化的能力，以及开启新篇章和拓展更新、更广前景的魄力。

在缩小公司规模的同时，辉瑞投资了数十亿美元，用以提振科学实力和待开发资产。几个月内，辉瑞收购了四家生物科技公司。Array 生物制药就是其中之一，这家位于科罗拉多州的生物科技公司，以化“无成药性为成药性”[①]而闻名。虽然这些公司的成本高于营收，但有助于辉瑞巩固自身科技实力。此外，我们也开始构建新的业务

① 指蛋白质等生物分子成为药品的潜力。——译者注

能力。例如，在担任首席执行官的第一天，我就任命莉迪亚·丰塞卡（Lidia Fonseca）为辉瑞第一任首席数字官，直接向我汇报工作。

莉迪亚出生在墨西哥，幼年时移民美国，在荷兰获得硕士学位，致力于通过数字化解决方案改善卫生工作成果。她离开奎斯特诊断公司（Quest Diagnostics）后入职辉瑞，是一位经验丰富的变革推动者。我为她布置的一项首要任务，是对研发实施数字化，从而实现合作的加深、透明度的增加和速度的提升。然而，这些举措花费不菲，为了支持这个新方向，我们必须对资本进行一次彻底的重新配置。由此，研发和数字化方面的预算得到了大幅提高。作为平衡，我们采取严格的措施，缩减了营销和管理费用。在我被任命为首席执行官的 6 个月后，辉瑞已经从一家企业集团转型为一家专注于科技创新的公司。

勇气，卓越，平等，欢乐

我明白，如此规模的商业转型，不能仅依靠改变企业的投资组合或资本配置来完成。要想成功，我们还必须改变公司的文化。**辉瑞必须成为一家能适应风险的公司，并**

有动力采取大胆行动，达成使命，兑现对患者的承诺。

随着全球人口老龄化和城市化进程的发展，我很清楚，人们对创新型医疗解决方案的需求将会持续增长。我们需要的是一种通过大胆思考和打破常规来促进创新的文化。随着医疗保健服务成本的增长，医疗差异的鸿沟或许会继续拉大。我们需要一种对社会需求更加敏感的文化，并致力于达成使命。但是，新的文化无法在真空中创造。你无法要求商学院的顾问给出最契合的商业文化，供你选择。一家公司制胜的文化，取决于它对人类的贡献、公司本身关于成败的经验传承、未来 10 年的挑战和机遇、所处的环境以及许多其他因素。你需要对拼图的所有拼块进行评估，设计出属于自己的制胜文化。

在我成为首席执行官的两个星期后，来自世界各地的 1 000 名辉瑞高层领导人齐聚佛罗里达州，共同商讨、思考和确定辉瑞的崭新前景。会议结束时，大家对辉瑞的使命坚信不疑。辉瑞之所以存在，是因为社会需要并要求辉瑞“为患者带来改变其生活的突破创新”。针对是否该用“药物”或“疫苗”来描述这一突破，我们展开了大量探讨，但最终还是决定使用“突破创新”（breakthrough）一词，因为这个词的涵盖范围更广，也更加掷地有声。随着技术之间的界限变得模糊，只探讨药物或疫苗似乎很有局限性，无法映射出科学探索近 10 年的现状。

短短几个月后，辉瑞启动了一项向公司员工和全世界介绍全新企业文化的企划，且只用了 4 个简单的词语。

- **勇气：**突破创新的第一步是挑战常规，在不确定性或逆境面前尤其应如此。想要实现这一点，我们要心怀高远，敢于直言并果断行事。
- **卓越：**要改变患者的生活，我们必须携手才能获得最佳表现。关注重要事务，达成职责共识并对结果进行衡量，便能实现这一目标。
- **平等：**每个人都应被关注、倾听和照顾。当我们包容兼顾、诚信行事并减少医疗差异时，便能做到这一点。
- **欢乐：**我们投身工作，工作也回报我们。当我们感到自豪，认可彼此，享受充满乐趣的氛围时，就会获得欢乐。

当然，在 2019 年 1 月谈到“为患者带来改变其生活的突破创新”时，没有人能想到，不到两年后，辉瑞的转型竟然能够改变千千万万的生命。现在，我们已研发出世界上第一款安全有效的新冠疫苗，并在多国获批。**我们的成功并不是靠运气，而是因为我们做好了准备。**辉瑞人在过去的几年中认识到，敢于心怀高远，做出艰难而看似违背常理的决定，不仅不会被禁止，而且会得到鼓励；**践行卓越不是为了自身利益，而是为了服务患者；平等和缩小医疗差异虽然不是其他公司关心的重点，却是辉瑞目标的重要组成部分。我们带给世界的美好，反过来能令我们感到欢乐、自豪以及激励我们对目标的诚挚奉献。“勇气、卓越、平等、欢乐”，这些有力的词融入了辉瑞人的生活，并让我们做好了迎接未来挑战的准备。**

科学与人类智慧，让我们化不可能为可能

当今，“奇迹之旅”的理念再度流行。(这个词第一次出现在 1949 年，也就是美国人开始思考太空探索之时。它的本义为“登月”。) 巧合的是，同时预防白喉、破伤风、百日咳的 DTP 疫苗的研制，也在这一时期取得了重大进展。1955 年，脊髓灰质炎疫苗开始投入使用。然而，moonshot 一词的永载史册却发生在 20 世纪 60 年代。当时，美国总统肯尼迪承诺：人类将飞向月球并安全返回。他表示：“我们选择 10 年内登月并实现其他目标，并不是

因为它们容易，而恰恰是因为它们困难。因为这些目标有助于我们最大限度地组织和衡量我们的能力和技能，因为这个挑战我们乐于接受，因为这个挑战我们不愿推迟，因为这个挑战我们志在必得。”

前不久，在《任务经济：改变资本主义的登月指南》（*Mission Economy: A Moonshot Guide to Changing Capitalism*）一书中，伦敦大学学院创新和公共价值经济学教授玛丽安娜·马祖卡托（Mariana Mazzucato）提到：我们能看到，肯尼迪的登月计划为地球生活带来了诸多“溢出效应”，对技术和组织创新产生了刚开始时无法预测的影响。这无异于一次“针对解决问题的大规模演习”。出于上述原因，我觉得用 Moonshot 为这本书命名非常合适。与肯尼迪的登月计划一样，开发新冠疫苗的工作也是一次解决问题的大规模演习，这次演习在 9 个月内应用了研究人员花费 10 年时间积累的全部科学知识，产生的溢出效应将会影响诸多科学领域，对地球上的生命产生超出我们最初预期的影响。

你将在这本书中读到的 9 个月，是我生命中最具挑战也最有价值的一段时光，对我的个人生活以及领导者生涯而言都是如此。**我们的成功故事由三大因素共同促成：**

科学的力量、生机勃勃的企业对社会的意义以及人类智慧的巨大潜能。

如今，每个人都面临着巨大的挑战，从气候变化到社会分裂、不平等。每个群体都面临着五花八门的难题。在此分享我们的奇迹之旅，也就是我们面临的挑战、积累的经验以及所秉持的核心价值观，希望能够给你激励和启迪，助你创造属于你自己的奇迹。

MOONSHOT

目 录

MOONSHOT

01

非常时期，非常事业

What matters is not what
happens to you,
but how you react to it.

重要的不是发生的事件，
而是应对的方法。

爱比克泰德

古罗马哲学家

（约50—约138年）

Epictetus, AD 50–138

担任辉瑞首席执行官已有 15 个月了。在这个节点，令人担忧的新冠病毒感染正迅速蔓延，成为一种可怕的全球流行病。我们在某些地区的团队已经开始被迫居家办公。据报道，美国新冠病毒感染首例已知死亡病例出现在西雅图附近，城市、体育团队和股市陷入混乱。特朗普总统向我发来紧急邀请函，邀请我与其他顶尖制药和公共卫生科学家一起，参加 2020 年 3 月 2 日在白宫内阁会议室召开的会议。当时，我正要在德尔菲经济论坛上发表主题演讲，人在欧洲，于是请辉瑞研发部门负责人米凯尔·多尔斯滕（Mikael Dolsten）代我参加会议。米凯尔是一名医生兼科学家，曾在瑞典接受培训，并参与了 30 多种获批药物的研发。他于 2009 年加入辉瑞，担任首席科学家并主持研发工作。迄今为止，我们已经紧密合作多年。尽管新冠病毒感染疫情为他的个人生活带来了重重挑战，但他仍在辉瑞的奇迹之旅中发挥了至关重要的作用。

是把资源用于治疗，还是预防

会议定在星期一举行，我的电话在星期日中午时分响起。米凯尔提前一天到达了华盛顿，正在纠结我们该向特朗普政府传达怎样的信息。到那时为止，我们的大部分讨论都集中在如何开发有助于维持患者生命的疗法。但是，能否研发出一款能从源头预防感染病毒的疫苗呢？换句话说，辉瑞是要把资源用于治疗，还是用于预防？

在新冠病毒感染疫情的大背景下，单靠治疗无法终结这场流行病。但疫苗能做到。欧洲疫苗协会（Vaccines Europe）在 2018 年 6 月发表的一篇论文中，将疫苗接种称为“迄今为止实施的一项成本效益最高的公共卫生干预措施”，并指出，儿童疫苗接种“是 20 世纪最伟大的医学成功案例之一”。世界卫生组织的数据显示，在世界范围内，接种疫苗每年可预防200万～300万人死亡。然而，全球每年仍约有 150 万人死于疫苗可预防的疾病，仅在美国就有 4.2 万人死于这类疾病。在全世界 5 岁以下的儿童中，有 1/5 的儿童无法接种能够挽救生命的疫苗。除了清洁的饮用水和卫生设施之外，疫苗对公共卫生的影响最为深远。我在担任辉瑞首席执行官后，之所以大幅增加疫苗研究的经费，原因也正在于此。

在那次通话中，我和米凯尔一致认为这次的病毒不同以往，都较为认同先行研制疫苗的想法。辉瑞疫苗产能的一个独特之处在于，从早期研究到后期试验和临床开发的流程，全部是高度整合的。除此之外，辉瑞还拥有一支世界上最顶尖的疫苗学团队，由坚忍不拔、敢作敢为的德国科学家凯瑟琳·詹森（Kathrin Jansen）领导，而这也成为辉瑞的一张制胜王牌。凯瑟琳先后在惠氏、默克和葛兰素史克等公司任职，职业生涯可谓硕果累累。她来自民主德国的一个家庭，在德国接受了微生物学培训，后在康奈尔大学完成博士后研究。

如今，她领导着一支由全球知名科学家组成的团队，在位于纽约珀尔里弗（Pearl River）小镇的实验室进行研发。在接受卫生健康媒体 Stat 的采访时，费城儿童医院疫苗教育中心的主任保罗·奥菲特（Paul Offit）表示："对于这个职位，她再适合不过了。她会奋起而战，捍卫自己认为重要的疫苗。如果你认为制药公司都是昧良心的组织，那是因为你没接触过凯瑟琳·詹森这样的人。"

我曾告诉米凯尔："在这件事上，舍我其谁？告诉白宫，辉瑞疫苗研制方面定会全力以赴。"从他的声音中，我能听出他难掩的激动之情。

第二天，在白宫内阁会议室，特朗普总统的身边坐着副总统迈克·彭斯（Mike Pence）、美国卫生与公共服务部部长亚历克斯·阿扎（Alex Azar）、美国国家卫生研究院的托尼·福奇（Tony Fauci）博士、美国疾病控制与预防中心的管理者以及制药行业的各位同仁。大家就治疗进行了大量讨论。轮到米凯尔发言时，他告诉总统："对抗疫情不能只靠一种方法。我觉得我们应该从治疗方法和疫苗预防入手，多管齐下。"米凯尔表示，辉瑞正在推进一种治疗方法，同时投入所有资源进行疫苗研发，调动整个公司的 3 万人团队，从治疗和疫苗方面布局临床试验和生产制药。他还表示，辉瑞已经开始调动在世界各地的疫苗专家，为研发预防新冠病毒感染的疫苗做好准备。辉瑞将把学到的知识与在座的同仁分享，鉴于形势的紧迫，我们应该齐心协力，组成一支团队，迅速采取行动。"太好了，"总统回应道，"非常感谢。这简直太鼓舞人心了。"

那天晚些时候，米凯尔通过电话向我汇报会议情况。他告诉我，大部分讨论的重点都是治疗，而非预防："当我提到辉瑞会在研究治疗方案的同时进行疫苗研发时，托尼·福奇好像兴奋了起来。”

至关重要的三大优先事项

与此同时，随着病毒的传播，世界局势也开始发生变化。邀请我发表演讲的德尔菲经济论坛会议突然紧急延期。对我来说，这无异于触发了一次不容忽视的警报，我决定提前飞回家。在飞机上，我不断思考着新冠病毒引发的新形势，以及辉瑞应优先采取哪些应对措施。

冠状病毒是一个大型病毒家族，因其外层表面的冠状刺突蛋白而得名。人类受这种病毒之扰，已不是第一次。2003 年，严重急性呼吸综合征（SARS）的暴发引发全世界的关注。这种疾病在全球迅速蔓延，导致数千人感染，死亡率约达 10%。中国香港和德国的实验室以及美国疾病控制与预防中心确认，该疾病的根源是一种新冠病毒。几个月内，局势得到了控制。2012 年，另一种新冠病毒疑似由受到感染的单峰骆驼传播给人类，造成了另一种呼吸综合征，即中东呼吸综合征（MERS-CoV）。然而，眼下这种新冠病毒的情况却有所不同。例如，一些工厂被迫关闭了，以保护辉瑞员工免受这次病毒的侵害。而对于 SARS 和 MERS-CoV 病毒，我们没有采取这样的措施。辉瑞在世界其他地方的工厂也将面临关闭吗？

我还了解到，在新冠病毒感染疫情暴发的最初几个星期，受影响地区的医院人满为患。这种情况也会发生在世界其他地区吗？如果是的话，这些医院有足够的医疗资源去治疗那些涌入重症监护室的患者吗？对我们而言，这个问题意味着，辉瑞能否为这些医院提供所需的药物。我的脑海中开始浮现一些不好的场景：全球对医院药品的需求暴增，而与此同时，我们的生产工厂却因疫情而被关闭，无法提供足够的治疗药物。

到了最后，我开始反复思考两个问题：如果像一些国家当前的形势一样，现有药物对这种病毒不够有效，那该怎么办？辉瑞能采取什么措施吗？我知道在 2012 年，辉瑞对一些抗 MERS-CoV 的分子进行了测试，这些分子似乎表现出了不错的抗病毒活性。也许，我们也可以测试一下这些分子抵抗新冠病毒的能力。

在飞回家的漫长路途中，我沉思了好几个小时，从包里取出辉瑞董事会笔记本，把想法写在上面。飞机落地之前，我整理了笔记，梳理出几个要点，删除了一些目前看来并非当务之急的内容。我翻到新的一页，写下了我认为辉瑞应该优先处理的三大事项（见图 1–1）。

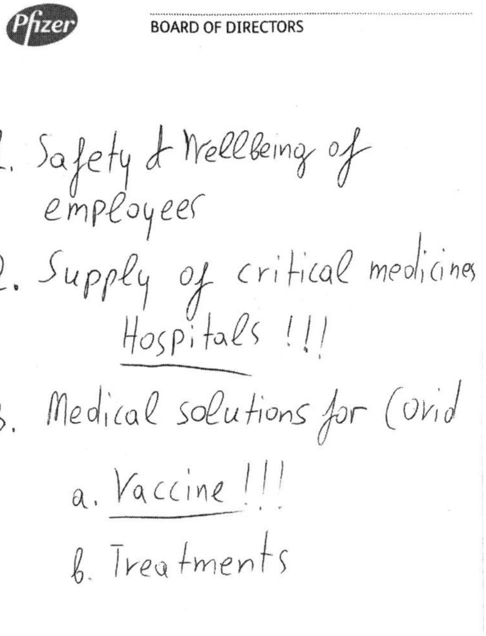
Pfizer BOARD OF DIRECTORS

1. Safety & Wellbeing of employees
2. Supply of critical medicines Hospitals !!!
3. Medical solutions for Covid
   a. Vaccine !!!
   b. Treatments

图 1–1　辉瑞的三大优先事项

注：这三大优先事项依次为：1. 员工安全及福祉；2. 保障医院必需药品供应；3. 针对新冠病毒感染制订全新的医疗解决方案：a. 疫苗！！！ b. 治疗。

资料来源：辉瑞。

第二天，我来到位于纽约联合国大楼附近的辉瑞总部，走进我们的执行领导团队开会用的会议室。我们将这个房间命名为“使命之环”（Purpose Circle）。

接任首席执行官时，我把会议室的桌子移走，让大家在舒适的椅子上围坐成一圈。因为有些人偏爱传统的摆设，刚开始的时候，这些人不太习惯这种布局。会议室的一面墙上赫然写着“为患者带来改变其生活的突破创新”的公司使命，而正是这面墙，让反对者们也渐渐接受了这种布局。另一面墙上则是很多由公司多位高管贴上去的患者照片。这些患者曾经深深触动这些高管，让他们记得自己所做的决定对这些最重要的人具有非凡的意义。

这些高管通过这种方法提醒自己，要将患者放在首位。有的人贴的是父母的照片，有的人贴的是朋友的照片，还有一位选择将邻居家患病孩子的照片贴在上面。我贴的则是女儿塞莉丝的照片。塞莉丝与她的双胞胎哥哥莫伊斯一样，是在华沙的一家医院出生的早产儿。当时，我正在辉瑞的波兰分公司任职，因此我和妻子居住在华沙。然而，与她的哥哥不同，塞莉丝在出生时经历了几分钟的缺氧，造成大脑中靠近脑室的一些细胞受损，进而导致了脑瘫。她的行动能力因此受到了限制。我的妻子米里亚姆倾注了大量心血，确保塞莉丝不被自己的病情所累，能够成为一个独立且不畏惧困难的人。她带塞莉丝四处求医，尝试了从物理治疗到筋膜治疗等各种方法。米里亚姆拒绝接受所谓的“命运”，一再告诉包括我在内的所有人，终有一天，塞莉丝不仅能够成为一名舞者，还能跑马拉松。敢于设立大胆的目标，是我们家族的特质。米里亚姆每天都会花上几个小时，在网上搜索干细胞疗法等正在研发的新技术，一旦成功，这些技术便能帮助塞莉丝重建因几分钟缺氧而受损的大脑细胞。由于米里亚姆倾注了大量心血，现在的塞莉丝已经成为美国巴纳德学院的一名优秀学生。她平时住在学院宿舍，享受着独立而充实的大学生活。

在撰写本书时，她的拟选学科是城市研究，因为她的志向就是打造更加公平合理的城市。她的目标是为他人服务，带给人们更多的快乐，改善人们的健康状况。很遗憾，这些新药物并未及时出现，没能帮助塞莉丝重建细胞，也没能让她跳舞跑步，甚至没能让她扔掉拐杖。但我知道，这些药物终有一天能够帮助其他孩子，也能成为一个契机，让作为辉瑞一员的我们能够尽自己的一份力。我们相信这一天迟早会到来。塞莉丝的照片提醒我，永远要将患者放在首位。而那天，就在那个会议室里，我们必须针对我在飞机上写下的三个优先事项做出一系列重要的决策。

然而，新冠病毒感染原本并不是那天讨论的话题。我们原本计划继续商讨正在进行的重大重组工作。不难理解，辉瑞领导层在 2019 年做出的增加研发和数字化能力方面投入的决策，加上降低营销和管理成本的需要，已经给我们造成了巨大的压力，高管们都十分焦虑。当时，新冠病毒感染还没有成为人们关注的焦点。高管们仍在思考自己在重组中的立场。作为首席执行官，我必须对领导团队内部的紧张情绪有敏锐的洞察力。

关闭所有办公场所，最迫切也最困难的决策

2020 年 3 月初，我感觉到重新调整辉瑞组织结构导致群情激愤。为了纾解压力，我计划当晚和高管团队共进晚餐。用餐地点选在了纽约第九大道的“破坏酒吧”（Break Bar），这名字真是恰合时宜。

这家酒吧的宣传语是：“破坏酒吧不仅能提供普通酒吧的一切，还能让你‘扭转心情’（或是给你一次‘劲爆宣泄’）。在这里，喝完烈酒、啤酒或红酒后……请尽情狂摔杯子吧。”你可以预定不同强度的泄愤房间，比如说“心

烦意乱”房，或是“暴跳如雷”房。我本打算通过这种新颖的方式让团队知道我理解他们的感受。然而，晚餐并没有如期进行。新冠病毒感染疫情导致了封城，所有计划都泡汤了。3 月中旬，原本计划去“破坏酒吧”的那天，在每个星期进行的执行领导团队圆桌会议上，新冠病毒感染成了最急迫的难题。我向团队明确表态，应对挑战的时机就在眼前。我和大家讨论了我在从希腊返回美国的飞机上列出的优先事项：员工安全及福祉；保障医院必需药品供应；针对新冠病毒感染制订全新的医疗解决方案。就这样，大家开始着手做出相应的决策。

当时最迫切也最困难的一个决策，就是关闭辉瑞在世界各地的所有办公场所，开始远程办公。在纽约市和纽约州尚未发布封锁令之前，我们就这个问题进行了讨论。我要求会议室里的每个人都发表意见。很明显，大家的观点不同。听取完所有意见之后，做决策的时间到了。我决定关闭办公场所。“我们必须关闭所有办公场所，开始远程办公。”我对首席数字官莉迪亚·丰塞卡说，“你要保证远程办公顺利进行，这是利害攸关的大事。”

对我而言，做出这个决策并不容易。我是个外向之人，与人打交道让我精力倍增。我习惯看着对方的眼睛、解读对方的肢体语言、在一场艰难的谈话后陪对方穿过走廊。我怎么能适应居家办公呢？但没有想到，我们开始远程办公后，改变对我来说竟是如此容易。穿过厨房，左手边是洗衣间，右手边就是我的办公室。那是一个较小的房间，容纳 4 个人就会显得逼仄。但房间的大小已经不是重点。在接下来的 18 个月里，我通过计算机屏幕可以看到几十个人。至少从屏幕上可见的部分，我仍然可以看着他们的眼睛，解读他们的肢体语言。

这个决策一经做出，就有人问："那些在辉瑞的办公大楼里工作但不属于辉瑞的人该怎么办？"与许多大型公司的情况一样，很多在收发室、安保部门、餐饮部门和卫生部门工作的人，隶属其他与辉瑞签订服务合同的公司。我们每天都和他们一起工作，把他们当作辉瑞大家庭的成员。其实，我最先冒出来的一个念头就是，路易斯该怎么办？路易斯·佩尔多莫（Luis Perdomo）是我们咖啡厅的咖啡师，也是辉瑞的传奇人物。除此之外，他还是快乐的化身。他的微笑能够点亮整个房间，对于很多爱喝咖啡的人来说，走进办公室时看到的第一个人就是他。然而，他的生活并非总是一帆风顺。几年前，他十几岁的儿子不幸死于癌症，但他总能给我们一个微笑、一句亲切的话语，如果你够幸运，还能在早晨得到他的一个拥抱。他是个难能可贵的好人，甚至好到足以让我们原谅他对波士顿红袜队的矢志不渝[①]！

大家都在担心，如果关闭办公室并长时间中止部分服务，路易斯和许多其他出色的服务人员就可能会丢掉饭碗。我说："辉瑞会继续向这些外包公司支付定期款项，前提是对方必须保留为辉瑞工作的那些人的职位，就算他们不必提供服务，也要保留相应的职位。"每个人都赞同这个决定。这个任务由辉瑞的采购团队负责实施，他们与辉瑞各业务部门合作，尽可能维持外包公司的收入。这些早期制定的决策，解决了我在回国航班上写下的第一个优先事项，即"员工的安全及福祉"。我很欣慰，因为和其他首席执行官一样，我对辉瑞全球 9 万多名员工的健康和福祉抱有强烈的责任感。但作为一家处于公共卫生危机中的医疗保健公司，辉瑞也担负着额外的责任。我们的员工为全球数亿患者探索、开发和生产药物，这些遭受癌症、心脏病或关节炎折磨的患者，每日的生活都离不开我们。辉瑞在世界各地的研究中心和生产工厂必须继续保持开放。

---

① 棒球是美国的国民运动项目，几乎每个人都有自己支持的棒球队和棒球球星。——编者注

对我来说，最迫在眉睫的事情是我为辉瑞设定的第二个优先事项，即“保障医院必需药品供应”。无论有没有新冠病毒感染，患者都需要药物。我担心这些药品可能会出现库存短缺。我尤其担心医院的情况。医院一定会人满为患，而辉瑞又是全球最大的医院用注射药物供应商之一。作为公司备受尊敬的元老级人物，辉瑞的首席财务官弗兰克·达梅利奥（Frank D’Amelio）是个行动力强、善于解决问题的人。我与他探讨了我的担忧。弗兰克同时负责监督生产工作，他提醒我说，库存短缺是不可避免的。这些药品的需求量可能会变为之前的 10 ～ 50 倍，而与此同时，药品的产量在新冠病毒感染疫情的限制措施下很难提高。我号召辉瑞团队，恳求大家务必在这场公共健康危机期间不负所望。我们没有失败的权利。大家接受了挑战，立即投入战时状态。

我们在多年前就考虑到了这种情况，并制订好相应的危机管理计划。生产部门的管理层启动了计划，当时，辉瑞的生产工厂已在“二级戒备”状态下运行，施行部分限制和特殊安全措施。我们决定，将所有生产工厂提高至“三级戒备”状态。只有必要人员才有资格进入生产工厂。除此之外，辉瑞还会实施更加严格的安全指导方案。在接下来的几个星期里，辉瑞工厂员工的奉献精神让我深受震撼。缺勤比例保持在不到 3% 的程度；与此同时，这些工人必须每天到生产现场报到，我们其他人则能在居家的安全环境下工作。因此，我认为我要对他们每个人负责。我觉得我需要对他们表示支持，于是便提出想要参观辉瑞的一家生产工厂，向工人们表达我会与大家团结一心。然而，我的请求被生产工厂的管理层拒绝了。

“他们认为你非必要人员”

这个消息是我当时的办公室主任黛布·曼戈内（Deb Mangone）打电话告诉我的。多年以来，她一直是我信赖的知己。

“阿尔伯特[①]，他们说你不该去。”黛布说。

“为什么？”我问。

“因为他们认为你非必要人员。”她笑着说。这一刻，我才意识到这些人有多么专业，也坚信我们步入了正轨。

① 对艾伯乐的亲切称呼。——编者注

回到“使命之环”时，预定的会议时间即将结束，但我们尚未聊到意义最为重大的优先事项，即针对新冠病毒感染制订全新的医疗解决方案。病毒的测序结果公布后，研究人员立即开始在分子库中寻找匹配的抗病毒化合物。研究人员从中选出了几种可能有效的抗病毒化合物，但还需进行更多测试才能做出最终选择。此外，我和米凯尔在几天前才刚刚达成共识，向总统承诺辉瑞将致力于研发一款新冠疫苗。对于研发抗病毒疗法以及一款可以对抗新冠病毒感染的疫苗这两个选项，我们都进行过讨论，但是二者都花费不菲。弗兰克提醒我们，公司没有为这些项目设置预算，并问我们需要多少钱。米凯尔给出大致数字时，弗兰克脸上的表情，我至今仍然记忆犹新。

“太要命了，米凯尔！”弗兰克边说边把数字写在笔记本上。

更糟的是，时任辉瑞生物制药集团总裁黄玮明（Angela Hwang）担心，疫情将对辉瑞当前业务的预期收入流产生严重的负面影响。黄玮明是辉瑞所有商业活动的掌舵者，也是我认识的最精明的商业领导者之一。因此，我非常在意她的担忧。她表示，作为一家上市公司，辉瑞可谓腹背受敌。也就是说，辉瑞的支出会大幅超出预算，营收也会少于原先的预期。大家正面对残酷的数字一筹莫展时，我询问了大家的看法。所有人的想法都是一致的：我们必须义无反顾。形势如此严峻，关乎这么多生命的安危，财务数字在优先列表上的位置应该靠后。

我为团队中的每一个人感到自豪，我指着那面贴着那些可爱患者照片的墙说："很显然，这次的事态非比寻常。如果辉瑞今年的支出超出了预算，这件事到了明年便没人记得了。但如果我们现在错过了为世界做出贡献的机会，会一辈子耿耿于怀。"

会议结束时，我根据会议中达成的协议，为每一位执行领导团队成员分配了具体任务。我感受到了团队成员的决心。而他们也感受到了我要与他们并肩作战的决心。这是 2020 年大家最后一次在"使命之环"见面，但这次会议奠定的基础，让我们做好了迎接战斗的准备。这一天就是辉瑞奇迹之旅的开始。

MOONSHOT

02

显而易见的选择，
不见得一定最好

You will never do anything in this world without courage. It is the greatest quality of the mind next to honor.

没有勇气，你将一事无成。
勇气，是仅次于荣誉的
精神品质。

亚里士多德

古希腊哲学家

（公元前384—前322年） Aristotle, 384–322 BC

在 2020 年那煎熬的 9 个月里，我们不得不做出数百个艰难的决定。其中许多决定都落在了我的头上，压力之大，超出想象。几十亿人、几百万家企业和几百个政府都对这个行业寄予厚望，而承担起这些期望并不容易。辉瑞是这个行业的领军公司，而我恰好是这家公司的首席执行官，而且当时刚刚上任。我能感受到肩上的重担。我也知道，必须振作精神、直面挑战才行。此举事关重大，在这场百年未见的全球流行病肆虐之时，关乎全人类的健康。

除此之外，让事态更糟糕的是，这场危机偏偏发生在美国总统选举期间，从而引发了一场政治辩论。这场危机本不该牵扯政治，但政治因素的确给我们造成了压力。我不仅需要找到应对这一切的方法，还要领导我的团队为全球提供一种拯救生命的解决方案。

mRNA，一个不显而易见的选择

我们的工作并非无懈可击，但所幸我们做出的正确决策多于错误决策。我们很幸运，在最关键的问题上做出了正确的选择，这是至关重要的。最关键的决策往往也是最难做出的，在生活中情况也通常如此。回首往事，最让我记忆犹新的决策，就是利用 mRNA 技术开发新冠疫苗。这不仅是因为其他选择会产生截然不同的效果，也是因为这个决策最有违直觉。不使用 mRNA 技术才是显而易见的选择。这个决策需要大胆的前瞻性思考，而且需要巨大的勇气。凭借这个选择，辉瑞最终成功研制出新冠疫苗。

当我要求团队用破纪录的超短时间研发出一款有效的疫苗时，可行的选择有很多。例如，对于莫德纳（Moderna）来说，关键问题在于：我们该不该尝试开发新冠疫苗？而具体使用哪些技术，对他们来说完全不是问题。莫德纳在 mRNA 领域具有高度的专业性，在决定研制疫苗时，使用 mRNA 技术对他们来说是显而易见且唯一的选择。但对辉瑞来说，情况就有所不同了。对于可以用来制造疫苗的许多现有技术平台，辉瑞的研究团队都具备相关经验，包括腺病毒、重组蛋白质、结合技术、mRNA 等。我对团队成员提出的第一个挑战是告诉我，我们应该押注于哪个平台。团队成员自行进行了讨论，并在事后告诉我，他们建议使用mRNA平台，这是我始料未及的。两年前，辉瑞曾与德国生物新技术公司有过合作。这家公司是由乌尔·萨欣（Ugur Şahin）博士和厄兹勒姆·图雷西（Özlem Türeci）博士这对夫妻档（见图2-1）于2008年创立的。

图2-1 乌尔·萨欣与厄兹勒姆·图雷西

资料来源：德国生物新技术公司/斯蒂芬·阿尔布雷克特（Stefan Albrecht）。

他们为人和善、魅力超凡、虚心谦逊，专门研究癌症的治疗方法。我们认为，有了他们的mRNA技术的加持，辉瑞有可能研制出一款比季节性流感疫苗功效更强的产品。我是 mRNA 技术的忠实粉丝，也坚信辉瑞很有可能在流感疫苗的研发上实现飞跃，但我认为，辉瑞还要花上几年的时间才能取得这样的进展。当米凯尔把尝试使用 mRNA 方案的消息告诉我时，我的第一反应是讶异。**用这种技术来开发新冠疫苗，并不是一个显而易见的选择。**

虽然 mRNA 疫苗并不是预防未来所有全球或区域流行病的灵丹妙药，但在这次疫情中，这种疫苗的确在拯救世界时立下了汗马功劳。因此，在重述我与米凯尔的讨论之前，我们应该先将 mRNA 疫苗的原理梳理清楚。

在自然界中，mRNA 是一种单链 RNA，与基因中两条脱氧核糖核酸（DNA）链中的一条相匹配。DNA 存储身体的形成和各项功能正常运转所需的所有信息。例如，产生某种蛋白质（比如一种对人体功能至关重要的激素）的指令，就会被永久编入 DNA 中，并通过基因代代相传。当身体需要产生这种激素时，便会复制 mRNA 分子上的这一指令，将其发送给一个叫作核糖体的细胞器。而核糖体则会沿 mRNA 移动，读取指令，产生这种激素。

有助于预防病毒感染的疫苗有很多种，所有这些疫苗都有一个相同的作用：训练人体的免疫系统识别和防御传染性致病介质，即所谓的病原体。疫苗通常含有这些病原体减活、灭活或不具备传染性的部分。疫苗不会导致疾病，但免疫系统会将疫苗识别为入侵者，激活抗体和T细胞等防御机制加以对抗。等真正的病原体出现时，人体早已准备好数以百万计的抗体和T细胞，它们会立即发起猛攻，减少病原体引发疾病的机会。

然而，这种新型mRNA疫苗却有所不同。这种疫苗不是由真正的病原体组成的，不包含病毒或细菌灭活、减活或不具备传染性的部分，却包含着身体如何产生蛋白质的指令，而这些指令是病原体构造中的一部分。通过读取注入体内的mRNA发送的指令，核糖体便会开始生产病原体的这些部分，免疫系统则会立即将这些部分识别为入侵者。当真正的病原体出现时，免疫系统就会启动免疫反应来保护人体免受伤害。简而言之，mRNA能够教会身体制造自己的疫苗。疫苗则等同于一系列关于如何自保的指令。

在诺华（Novartis）退出疫苗业务后，菲利普·多米策（Philip Dormitzer）于2015年离职，加入辉瑞，担任辉瑞总裁兼病毒疫苗首席科学家。菲利普率领团队开发出一种合成方法，用于更新流感疫苗株和应对疫情。他们发现，这种合成技术通过更紧密地匹配流感轮状病毒株，将有可能用于改进流感疫苗。与传统技术生产的疫苗相比，合成技术可提高疫苗的产量和生产速度。2012 年，菲利普与其他人联合发表了一篇文章，指出包裹在脂质纳米颗粒中的自扩增 RNA（saRNA），可有效引发抗体和 T 细胞反应。这些发现为即将出现的研发成果铺平了道路。

辉瑞一直对 RNA 抱有浓厚的兴趣，部分原因在于，RNA 能够对变化迅速产生反应并具有稳定性。虽然 RNA 分子的行为也会有所不同，但总体而言，与病毒或蛋白质相比，RNA 分子的行为与同类分子相近得多。比起传统疫苗技术，我们更偏爱这种技术的灵活性。如果某种新出现的病毒株没有被当前疫苗彻底覆盖，这种技术便可以灵活改变疫苗中的 RNA 序列，从而有可能对新病毒毒株起效。

这是一个巨大的赌注

2018 年，辉瑞向凯瑟琳和她的研究团队求助，希望他们能推荐一位合作伙伴，推动 mRNA 的研发，从而研制出一款将产生颠覆性的季节性流感疫苗。在寻找合作伙伴过程中，凯瑟琳与乌尔·萨欣成为挚友。乌尔生于土耳其，后加入德国国籍，是德国生物新技术公司的联合创始人兼首席执行官。他来到辉瑞位于纽约珀尔里弗的疫苗研发中心，介绍了德国生物新技术公司的 mRNA 方案。他事后告诉我，一开始，凯瑟琳为他的团队准备了许多尖锐的问题，但最终还是被说服了。我们立刻意识到，与我们打过交道的其他公司不同，德国生物新技术公司对可能有效的 RNA 种类持不可知的态度。也就是说，他们拒绝将重心放在其中的某一种上。

这家公司起家于神秘莫测的抗肿瘤药物生产，因此会以好奇开放的心态尝试不同方法。虽然科学知识丰富，但他们也认识到了直觉的作用。由于世界观的契合，辉瑞和德国生物新技术公司的团队立即达成一致，并签署了一份为期 3 年的研究合作协议。在此期间，德国生物新技术公司的团队将向辉瑞提供专业技术和许可证，供辉瑞开发一种新型流感疫苗。我当时是辉瑞的首席运营官，当下属将合同拿给我审批时，我立即予以批准。按照辉瑞的标准，这份合同的规模相对较小，因此我没有像处理一般大型合同那样要求与对方公司的首席执行官见面。当时我怎么也没有料到，当新冠病毒感染在两年后来袭时，我们在 mRNA 流感疫苗方面的研发成果，帮助辉瑞抢占了先机。

2020 年 1 月，辉瑞的合作伙伴德国生物新技术公司加入了第一批迎战病毒的队伍，根据互联网上的数据对病毒的序列和影响进行研究。2020 年 1 月 11 日，中国的科研人员公布了病毒的基因序列。这种病毒的传播方式匪夷所思，想要加以控制，更是无从谈起。尽全力研制疫苗的工作迫在眉睫，但德国生物新技术公司需要一位合作伙伴。乌尔想到了我们，鉴于在此前的合作期间建立的积极沟通和信任，他打通了凯瑟琳的电话。而在凯瑟琳接到电话之前，我已经让她和团队给出建议，指明辉瑞应该使用哪种技术平台研制疫苗。她的建议正是使用 mRNA。当米凯尔通过视频电话将消息告诉我时，我大吃一惊。

“米凯尔，说实话，我真没料到会是这个答案，”我对他说，“这个赌注风险很大，难度也很高。”

我的怀疑是以事实和理性思考为依据的。**首先，这项技术虽然很有前景，但尚未得到证实。**如果我们能够如愿，那么这款疫苗不仅会成为首款新冠疫苗，也会成为全球首款 mRNA 疫苗。相比之下，通过辉瑞的研究人员更为熟悉的腺病毒和蛋白质技术平台生产疫苗，已存在多个先例。**其次，辉瑞还必须与德国生物新技术公司达成协议，而这个过程通常需要数月时间才能完成。**我们想要迅速采取行动，而在时间紧迫的情况下交涉合同条款并不容易。最后，德国生物新技术公司规模较小，辉瑞可能要承担所有研发和生产成本，一旦失败，我们要承担巨大的损失，而一旦成功，辉瑞则必须与对方平分收益。我一一表达了我的担忧，与米凯尔一一进行了讨论。

“你确定我们应该选择这项技术？”我问道。

他十分笃定。凭借辉瑞在研制流感疫苗时积累的经验，米凯尔确信这项技术是正确的选择。

他对我说：“对于当前的情况，这项技术再合适不过了。不仅研发速度快，而且便于为更新和加强疫苗进行快速修改。腺病毒或其他病毒载体技术可能会在研制加强疫苗时遭遇困难，因为免疫系统不仅会对冠状病毒产生抗体，还会对腺病毒产生抗体。”

米凯尔从之前的讨论中了解到，我非常看重研发速度和频繁更新加强疫苗的能力。我担心，就像 1918 年大流感一样，到了 2020 年冬天，全球将面临全新且可能更加致命的新冠病毒感染疫情暴发。不幸的是，我的话竟一语成谶。在那个时间节点之前，我们必须研制出一款疫苗。

我还知道，具有这些特征的病毒迟早会发生变异。拥有一款可在必要时随时加强而不必担心失去药效的疫苗至关重要。我逐渐理解了他的想法，但还是继续讨论下去。

“用蛋白质技术怎么样？”我问。

米凯尔说：“辉瑞的研究人员擅长蛋白质技术，当然可以利用这个平台研制疫苗，但是如果使用 mRNA 技术，将同时引发体液和细胞的免疫反应。如果使用蛋白质技术，人体会产生强有力的抗体，但不确定能产生 T 细胞。”

我们又简单探讨了生产过程中潜在的障碍以及 mRNA 研发计划的概况。最后，我表达了对不得不与另一方合作的担忧。米凯尔认为，凯瑟琳已经和德国生物新技术公司的创始人建立了良好的关系，签署合同应该不成问题。“好吧，米凯尔，”我说，“我们把团队召集起来，看看他们有什么提议吧。”米凯尔松了一口气，很欣慰我没有一开始就把这个想法否决掉，而且愿意进一步探讨。

先把讨论重点放在机遇上，然后再来讨论挑战

几天后，米凯尔把凯瑟琳和她的科学家团队召集在一起。除了菲利普，凯瑟琳还邀请了辉瑞的疫苗临床研发高级副总裁比尔·格鲁伯（Bill Gruber）。比尔是一名经过专科认证的儿科医生和训练有素的儿科传染病专家，在呼吸系统疾病方面拥有几十年的经验。他先在美国莱斯大学获得本科学位，后进入美国贝勒医学院就读，并在那里做实习医生。他还荣获了儿科传染病博士后奖学金。之后，他进入美国范德堡大学任职，专门从事病毒性呼吸道感染的研究工作，尤其是呼吸道合胞病毒和流感。呼吸道合胞病毒是一种常见的呼吸道病毒，通常会导致类似感冒的症状。在新冠病毒感染之前，研究人员正在快马加鞭地研制呼吸道合胞病毒疫苗，已针对不同疫苗的药效积累了大量重要的信息。其中，能够用在这次讨论中的信息是，呼吸道合胞病毒除了能引发呼吸道疾病外，也具有类似新冠病毒的刺突蛋白。参加视频会议的，还有其他几位才华横溢的科学家。

“阿尔伯特，你觉得这项工作该如何开展？”凯瑟琳问道。

我回答："我们先把讨论的重点放在机遇上。这项技术能带来什么好处？然后，我们再来讨论挑战，以及可以采取什么行动来克服挑战。"

在那次会议上，我们详细讨论了两天前与米凯尔探讨过的事情。他们解释说，运用这项技术，辉瑞的研究人员能够迅速对 mRNA 进行设计和调整。由于 mRNA 是合成物，不含活病毒颗粒，因此，这是一种更加精准直接的产品。这样一来，我们的团队便可按需多次使用这种疫苗。我们不仅能在新冠病毒感染大流行期间如此，在日后由于病毒突变而需要对疫苗进行加强时也是如此。传统疫苗的设计可能需要几个月时间，而这种 mRNA 疫苗的设计则只需几个星期。团队成员告诉我，他们在这项技术方面积累了丰富的专业知识，认为这项技术已经成熟到可以用来制作疫苗的水平。谈到挑战时，菲利普发言了。

"是这样，有了 mRNA，我们的确可以快速推进研发工作，但疫苗在配送期间必须冷冻才能保持稳定。"他说。

这一点是我之前没有想到的，我意识到，这或许是一个巨大的劣势。

“我们该怎么办？”我问。

“研究人员可以在日后开发一款更加稳定的疫苗，但目前，我们必须面对现实。生产部门应该能找到应对方法。”

然后，我让大家谈谈德国生物新技术公司会不会同意跟我们合作。凯瑟琳说，乌尔已经打过电话，表明他有兴趣与辉瑞合作。我觉得是时候做决定了。显然，与现有的所有其他选择相比，mRNA 技术平台要危险和复杂得多。但是，这也是最快捷的解决方法，而且我的整个团队都完全支持这个选择。在生命科学中，疫苗学家扮演着特殊的角色。医学领域的所有医生和生命科学家都致力于为大众服务，但我发现，从事疫苗研究的人的观点有所不同。首先，这些人之所以选择这一领域，是为了专门研制疫苗，而且不遗余力地保障大众的健康。其次，他们通常比较保守。与用于治疗疾病和慢性病的药物不同，疫苗的功效在于预防。因此，这就使研制疫苗的人形成了一种截然不同的心态。与大多数医生相比，疫苗学家必须用不同的方式权衡风险和收益。例如，如果我正在治疗一位癌症患者，那么计算风险的方式就与保护健康的人不同。在研究项目的安全性和有效性上，疫苗学家面临着层层审查，因此在选择上也非常保守。我深谙这一点，因此断定疫苗学家之所以能够提出如此冒险的选项，一定对此有十足的把握。另外，这些人毕竟是全球疫苗学中的领军人物。直觉告诉我，这是正确的选择，于是，我给出了回应：“好，就选mRNA。我明天就给他们的首席执行官打电话。”

与德国生物新技术公司联盟

我之前从未见过乌尔，连电话都没有通过。在过去两年合作研制流感疫苗的过程中，我们一直没有找到对话的机会，他一直和凯瑟琳或米凯尔沟通。我主动给他打去电话，做了自我介绍，并表示我愿尽全力确保项目的成功。我们非常聊得来。虽然性格截然不同，但我们俩非常投缘。我是一个移民美国的外向的希腊犹太人，乌尔则是一个移民德国的内向的土耳其人。我马上就感觉到，他是个值得信任的人。我们探讨了合作原则，决定依据科学做出决策。我们的目标是尽己所能提供最安全有效的疫苗，这是重中之重。我们两家公司都会专注于各自擅长的专业领域，但在所有事情上都是完全平等的合作伙伴。最后，我告诉他时间至关重要，问他是否愿意在签订合同之前开始工作。

“乌尔，敲定所有必要的协议以及研究、生产和商业合同，可能需要几个月的时间。”

“阿尔伯特，有你的承诺就足够了，”乌尔说，“我们可以立刻开始研究工作。律师先确定研究协议，协议一准备好，我们就签字。其他的合同都可以先放一放。”

我立即表示同意。我认为，有了德国生物新技术公司的助力，面对这种需要创新方法解决的危机，我们能够，也必须换一种角度进行思考。

第二天，辉瑞的团队与德国生物新技术公司在德国的团队举行了一次电话会议。这些会议讨论的内容很广，包括候选抗原、毒理学研究计划、首次人体临床试验计划、监管型沟通和生产时间表。针对可能出现的一个或多个生产工厂因某种原因瘫痪的情况，德国团队商讨了灾难应对计划。除此之外，他们也就基本规划达成了共识，开始进行每日例会。

几个星期之后，计划已经步入正轨，为了拿出一些书面形式的协议让双方律师安心，双方签订了一份意向书。2020 年 4 月 9 日，双方签署了一项合作协议，共同研发一款世界一流、使用 mRNA 技术的新冠疫苗，用于预防新冠病毒感染。德国生物新技术公司得到了辉瑞的 7 200 万美元预付款，并能够在未来再获得 5.63 亿美元的里程碑式付款，总对价[①]约为 6.36 亿美元。此外，辉瑞还将通过从德国生物新技术公司购买股权的方式向对方支付 1.13 亿美元的现金（此举也使辉瑞拥有了该公司约 2.3% 的股权）。根据合作协议，双方同意平摊所有开发成本，平分所有商品化利润，但辉瑞同意预先承担所有成本。如果项目失败，辉瑞将独自承担所有损失；如果项目成功，德国生物新技术公司将通过产品的商品化利润向辉瑞支付开发费用。

在启动具有如此规模和复杂度的项目时，两家公司通常会就一系列条款进行妥善处理，尽管双方在这些条款上并未完全达成一致，但我们就以下内容达成了一致：德国生物新技术公司将拥有这款疫苗在德国和土耳其的商品化权，辉瑞则拥有世界其他地区的商品化权。这些地区不包括中国，因为德国生物新技术公司已与一家中国公司就中国大陆和港澳台地区的疫苗商品化权达成了协议。除此之外，该协议还提出，双方需要就此合作协议中的具体协定

① 指有偿交易中的一方为了获得另一方的财产、权益或者劳务等而付出的代价。——译者注

进行协商并达成共识。这里所说的具体协定就是生产和商业协议。

在接下来的几个月中，我们将全部精力都投入了这款疫苗的开发、获批和生产。2020 年，我们一直没有找到时间签订生产和商业协议。就这样，双方在只签订了意向书、合作协议的情况下，依靠同等重要的相互信任继续合作，直到 2021 年 1 月，才签署商品化协议。

MOONSHOT

03

大胆创新，挑战不可能

Our problem is not that we aim too high and miss,
but we aim too low and hit.

我们的问题不是目标高远，
最后落空，
而是目标太低，
唾手可得。

亚里士多德

古希腊哲学家

（公元前384—前322年） Aristotle, 384–322 BC

在正常情况下，一款疫苗的研发要经历数年时间。在这个过程中，许多尝试都会以失败告终。以艾滋病病毒为例，科学家已经花费了几十年时间，但仍然没有研制出一款有效的疫苗。从发现、开发、批准、生产到销售，在被注入人体之前，新款疫苗必须遵循一个高度规范的过程。这个过程需要耐心和毅力。

一款疫苗的成与败

科学家会因为基础科学的某个理论而在实验室研究多年，然后才有权开发出几款“原型”，进行深入测试。经过一个反反复复且往往长达数年的过程，这些“原型”才能在试管中和动物身上进行测试，然后被送回实验室进行调整，从而进一步完善理论，并从理论上提升感知的有效性或安全性。经过这些调整之后，这些“原型”会经历一次又一次的测试，以期找到最佳候补选项。我们会进行临床前和毒理学研究、反应原性研究、病毒中和性研究、免疫原性研究、疗效研究等各种高度专业化研究。一般而言，评估不同“原型”所需的测试和试验尚不存在，因此也需要研究人员在检测“原型”之前创建出来。每当研究人员发现老鼠发烧或弱病毒中和等不愿看到的现象，就会进行额外的实验来理解这些影响，并提出修改“原型”的建议。当然，研究这些“原型”的分子工程师还要考虑其他许多问题。例如，“原型”必须具有化学或生物上的可扩展性。这意味着，**一旦成功，这些“原型”便可投入大规模、高质量的生产；如果失败，这一颇有前景的“原型”开发便可能化为泡影。这种开发并非总能获得成功。**很多时候，我们之所以停止开发颇有前景的分子，是因为这些分子无法在实验室外进行大规模复制。

如果这些实验室的临床前研究取得了成功，就能确定一些候选疫苗，让我们有充分的理由相信它们的安全有效性。然后，试验人员便开始在人体上进行临床试验。首先要进行的研究是确定合适的剂量。这些是在健康的志愿者（被试）身上进行的第一阶段临床试验，我们称之为剂量递增研究。试验开始时，试验人员会为被试注射很小剂量的疫苗，并利用医疗设备密切观察他们的反应。试验人员会进行测试，寻找任何可能构成安全隐患的信号。如果一切顺利，就增加剂量。重复上述过程。与此同时，试验人员还会测量每种剂量对人体产生的生物效应。他们在这个阶段还无法估计疗效，因此会寻找替代终点①，即针对效果实施可行的衡量措施，比如利用抗体和T细胞反应刺激免疫系统。试验人员会逐步增加剂量，直到找到一个安全并满足替代标准的水平。如果做不到，他们便会让分子科学家重新设计候选方案，用新的候选疫苗重新开始第一阶段临床试验。这个过程通常会重复数次，直到取得成功或决定终止项目。

如果第一阶段临床试验取得了成功，他们便会对最佳候选疫苗进行第二阶段的临床试验。在第二阶段临床试验中，试验人员会通过不同的治疗方案对候选疫苗进行试验，比如注射一剂或两剂、间隔3～6个星期、在年轻人或老年人身上注射等。试验人员会尝试多种组合，不断测量替代终点的安全性和有效性，直到确定最优选项。第二

① 在临床试验中对特定治疗效果的衡量方法，即选用一种与实际临床终点相关但不完全相同的效果代替临床试验终点。——译者注

阶段临床试验的成功标准通常很高，因为这一阶段关系到最后且最重要的研究能否顺利开启，也就是进行第三阶段临床试验。从前两个阶段的研究获得的经验知识，指明了启动第三阶段临床试验所需明确关注的信息。第三阶段需要投入最大规模的人力和物力资源，目的是生成获得监管批准所需的数据。如果成功，我们就获得了一款疫苗。一旦失败，项目通常会被终止。因此，在第一阶段临床试验和第二阶段临床试验中，试验人员有必要选择最佳候选疫苗和治疗方案，以便将胜算提到最高。

第三阶段临床试验至关重要，并需要获得监管部门的批准。这些研究必须遵守由 FDA 或欧洲药品管理局等管理机构制定的一系列极其严格的规则和标准，不违背道义操守和科学严谨性。通常情况下，这些研究要持续很长一段时间，由数千名志愿者（参与者）参与和数百名独立医师（调查员）监测。这些医师就职于独立机构（通常是医院），这些机构则被称为调查地点。在这些研究中，试验人员通常会设立试验组与对照组。试验组的参与者将注射处于评估环节的疫苗。对照组的参与者则注射另一种已经注册并符合当前护理标准的疫苗（如果预防同一疾病的疫苗已经存在），或是注射安慰剂（如果目前还没有预防这种疾病的其他疫苗）。

根据研究设计，参与者和调查员并不知道哪些人注射了安慰剂或疫苗。安慰剂和疫苗被装入完全相同的小药瓶，上面贴着只有计算机算法才能识别的条形码。这种算法还确保两个参与者群体在性别、年龄、健康状况等方面具有相似的属性。这样试验人员就可以确定，实验结果体现的只是治疗方案之间的差异，而不会受两组参与者自身差异的影响。在第三阶段临床试验中，我们的评估通常并不基于替代终点，而是衡量实际功效。在注射疫苗后，参与者像往常一样工作和生活，但其健康状况会受到监控。他们中的一些人有可能接触并感染我们正在研究的疾病。当这种情况发生时，进行监测的调查员会通过实验室测试确定参与者是否感染了该疾病，并将信息记录下来。

当然，他们当时并不知道患者注射的是疫苗还是安慰剂。作为临床试验设计的一部分，研究方案中的统计学家以及监管者（即组成数据监测委员会的一个独立专家小组）要事先确定参与者中有多少人被确诊感染（阳性）才能进行下一阶段的试验。一旦达到这个数字，数据监测委员会便会开始对数据进行揭盲，看一看有多少确诊病例属于试验组，多少属于对照组。之后，数据监测委员会将把决定告知我们：如果两组阳性病例数的数据差异未达到统计显著性，应继续进行研究；如果试验组和对照组之间的数据差异无法达到统计显著性，就证明试验无用，应停止研究；如果疫苗有效性已达到统计显著性且不存在安全性问题，就证明达成药效，应停止研究。

疫苗的有效性和安全性通过第三阶段临床试验得到证实后，就会执行接下来的两个步骤。监管团队开始准备备案材料，包括监管部门审批需要的所有数据。典型的疫苗初始申请材料有数千页之多，每一页都需要为确保准确性进行质量控制，而且这一过程也十分耗时。与此同时，生产团队开始为新疫苗的工业化生产做准备，包括订购原材料，在某些情况下还需要购置通常价值数亿美元的专业设备。

18 个月，去完成需花数年完成的试验任务

我要求研究团队交出一份计划，确保我们能在前所未有的极短时间框架中研制出安全有效的疫苗。提出这个要求时，我对所有这些错综复杂的因素心知肚明。2020 年初，随着新冠病毒感染人数和死亡人数的上升，全世界都被卷入了这场前所未有的危机，而我们则必须勇敢应战。

我们拥有一支杰出的疫苗团队，团队成员是全球一流科学家。就这样，大家立即投入了工作。几个星期之后，在 4 月份的一次视频电话会议上，凯瑟琳·詹森和她的团队提出了一项大胆的计划，有可能在 2021 年下半年前得到最为关键的第三阶段临床试验的完整结果。要想成功实现这个目标，研发团队需要将本该花费数年时间的研发工作压缩到 18 个月内完成。在那次会议上，生产部门的负责人迈克·麦克德莫特（Mike McDermott）也提出了一项计划，能够在 18 个月内开发出一套生产流程，包括找到匹配的原材料供应商，以及从零开始设计生产 mRNA 可能会用到的专门设备。迈克表示："一旦辉瑞的疫苗研制出来，我只需几个月时间就能生产出数千万剂。"这个项目的指导工作，都是迈克在他的居家办公室里完成的。那个房间装饰着他的 5 个女儿的画。他的计划即将打破药物研发速度和规模化生产的纪录。

团队虽然已经精疲力竭，可仍为提出如此大胆的计划感到自豪。然而与此同时，疫情局面已经急转直下，尤其是在团队许多成员生活和工作的纽约市。医院里人满为患，重症监护室没有足够的呼吸器供患者使用，由于停尸房爆满，尸体被堆放在室外的冷藏车里。每一天，我都能感受到这种疾病造成的痛苦和灾难。感染率和死亡率越来越高。**全球经济整体深陷危机，制药行业从业者对解决方案的探索不仅事关每一家组织的生死存亡，而且关乎全世界的未来。**自从和米凯尔一起做出研制疫苗的决定，我越发感觉到，这是唯一有效的解决方法，且形势已经刻不容缓。我知道，在 1918 年大流感期间，第二波疫情要比第一波更加致命。我也知道，在即将到来的秋季，辉瑞将面临新冠病毒感染疫情与流感季带来的双重威胁。

我们要在 10 月底前研制成功，而且要快速生产出数亿剂疫苗

“这还不够，”我对团队说，“我们必须在今年 10 月底之前研制出新冠疫苗。到了明年，我们必须生产出数亿剂而不是数千万剂新冠疫苗。”

我至今还记得计算机屏幕上大家那惊讶的表情。那不是因为我否决了他们的计划而失望的表情，而是一种不知我究竟要求他们做什么的震惊和困惑的表情。他们觉得，这样的要求无论如何也不可能做到。对于他们为什么觉得这个要求无法实现，前文已简单介绍过。他们给出的理由明确且充分。从理性角度看，他们的想法没错，这个要求

的确不太可能实现。但即便如此，也非做不可。达成共识固然重要，而挑战极限也很重要。而现在，正是挑战极限的时刻。我明确表示不接受他们的计划，没有商量的余地。我要求他们从头开始思考，如何把不可能变成可能。他们完全无须顾虑成本，也不该考虑投资回报。只要能完成任务，需要什么资源我们都可以提供。他们应该考虑多管齐下，而不是按部就班。他们应该通过巧妙而创新的方式设计实验，从而快速验证方案是否可行以及是否需要更换疫苗“原型”，以便尽快确定最终的候选疫苗。在确定是否能够研制出疫苗之前，他们就应该为保障产能做好准备。虽然这样做很冒险，但我们应该这样做。他们应该完成所有现成原材料的采购，对于那些暂且买不到的原材料，下好承诺性订单。此外，我还要求他们在计划说明最后一页的幻灯片上进行估算，看看如果无法实现计划，10月会有多少人失去生命。一个星期后，团队将一个绝妙的方案带到了我面前。如果该方案可行，那么2020年10月底之前，我们就能取得预期成果。

第一阶段临床试验和第二阶段临床试验的流程设计非常巧妙。团队不会等到完成所有候选疫苗的相关实验才开展研究，而是在第一种候选疫苗研制出来后便立即开展研究。团队将利用不同剂量、方案和年龄段的多种组合进行测试，以便更好地了解候选疫苗如何与免疫系统产生相互作用。等到第二种候选疫苗研制出来，团队就会按照一套精确的针对性测试流程，将这种候选疫苗与第一种进行比较。有了这些测试，试验人员不必重复针对第一种候选疫苗所做的全部测试，就能判断第二种候选疫苗是否有效。然后，我们再将同样的方法应用于第三种和第四种候选疫苗，这样就可以快速淘汰那些达不到预期效果的候选疫苗，集中精力测试效果最好的两种，然后再通过一些额外测试选出最终的候选疫苗，从而进入第三阶段的研究。团队在演示进行到这一部分时提醒我说，尽管这种设计方案能够提供有用的信息，帮助他们选出最佳候选疫苗，但出现选择失误而使次优候选疫苗进入第三阶段临床试验的风险是很大的。事后回看，在那样一个时期，一个我们每天都感觉自己做出的是生死抉择的时期，这个决策成了至关重要的决定之一。

凯瑟琳对我说：“你马上就会发现，第三阶段临床试验的成本会超过以往的任何研究成本。”

我在心中默默记下这句话，听团队继续发言。

第三阶段临床试验的目的是以最快的速度得出结论性

结果。选择的试验形式是安慰剂对照双盲试验。也就是说，在研究结束并完成数据揭盲之前，参与者不知道自己注射的是什么，研究人员也不知道。试验选用随机 1∶1 的形式，也就是说，注射最终候选疫苗和安慰剂的参与者数量相等。FDA 规定，疫苗的有效性需达到 50% 才能获得批准。团队设计的试验，则能让疫苗的有效性达到 60%。我们的内部标准高于官方的标准。对于紧急使用授权申请，FDA 通常要求 2 个月的安全数据，全面批准则需要 6 个月的安全数据。无论官方如何要求，辉瑞的团队都会对这些参与者进行为期两年的追踪调查。辉瑞在数学领域的专家进行的统计分析表明，想要证明该有效性水平（60%）的统计显著性，他们至少需要 164 个新冠病毒感染事件（即感染新冠病毒的参与者）。一项拥有 1 万～ 1.5 万名参与者的研究，得出这些结果或许需要不到 1 年的时间，具体时间取决于疾病 / 感染的发生率。团队决定扩大研究规模，招募 3 万名参与者，以便更快地积累新冠病毒感染事件（后来，我们又将这一数字增至超过 4.6 万名）。一项如此规模的研究，通常要用到 40 ～ 60 个科研场地。他们决定设置 120 个科研场地，以便更快地招募到这些参与者（后来研究人员把科研场地的数量增至 153 个）。然而，最关键的因素是在新冠病毒感染造成疾病负担[①]较高的地区选设科研场地，以便得到更高的罹患率（研究期间自然感染疾病的参与者百分比）。如果罹患率较低、患者数较少，那就无法验证疫苗能否起到预防作用。我们的临床试验需要在疫情严重的地方进行，从而证明注射疫苗的参与者比注射安慰剂的参与者感染病毒的概率更低。问题在于，不同地点的罹患率会随着时间的推移而变化。出现大批感染的某个城市或城镇，通常会从政策上采取措施，一段时间后，罹患率便会下降。而在感染人数较少的城市或城镇，人们会开始放松警惕，过一段时间，新冠病毒的感染率则会攀升。对辉瑞的研究人员来说，想要在一定时间内（至少在第二次注射的 7 天内）获得高罹患率，该选择在哪里设立科研场地呢？辉瑞的流行病学家开发出了一种算法，能够尽可能准确地预测特定时间内新冠病毒感染罹患率可能上升的地区。然后，研究团队便会尝试在相应地点设立调查地点。这样一来，在参与者注射第二剂疫苗时，该地出现高疾病负担的可能性将更大。团队继续阐述这项计划，我不禁在心中发出了一声惊叹。

① 疾病负担指疾病对整个社会经济及健康造成的压力。——译者注

没错！冷冻农场

疫苗团队做完演示后，生产部门的负责人迈克·麦克德莫特表达了自己的看法。趁着实验室研发第一阶段临床试验和第二阶段临床试验测试用的候选疫苗，在最终候选疫苗尚未确定的情况下，生产团队仍会着手将生产流程规模化。他们需要订购所有候选疫苗的原材料，以便做好万全的准备。此外，他们还必须将未被选中的候选疫苗的特殊原材料处理掉。我们面临的挑战在于，世界上还没有任何机构将 mRNA 产品（无论是药物还是疫苗）投入工业规模的生产。到目前为止，研究人员只进行过少量生产，以满足实验室需求。也就是说，辉瑞的生产部门必须发明、设计和订购目前尚不存在的全新工业级药物配置设备。米凯尔明确指出，辉瑞的工程师已经开始药物配制设备的设计工作，并开始与专业设备制造商沟通，了解如何快速制造这些机器。

“超低温存储方面的挑战呢？”我问道，**“你准备怎么把数百万剂的疫苗储存在零下 70 摄氏度的环境里？”**

“这正是我接下来要说的问题。关于储存，我们想到了一个很好的解决方案。我们准备把现有产品的原材料从

现有仓库转移到临时场地，然后把现有仓库改造成多个足球场大小的冷冻农场。”米凯尔说

“冷冻农场？”我问道。

“没错，冷冻农场。我们准备把500台大冰柜放在那里，用每台冰柜储存30万剂疫苗。算下来，我们一共可以储存超过1亿剂疫苗。而对于欧洲，我们也会对比利时的生产工厂采取相同的措施。”

我原以为他会就此结束发言，但他接着说：“当然，你现在会问我，在超低温的条件下，怎么才能向世界各地数千个地点运送数百万剂疫苗。这确实是个巨大的挑战。你知道，没有汽车或飞机能承受如此低的温度。所以，这些疫苗的运输方式，不能照搬其他需冷链运输的疫苗或药物的运输方式。只有跳出了固有思维的限制，才发现解决方案其实很容易想到。我们可不可以制造一种成本相对较低的容器，将零下70摄氏度的温度维持1～2个星期呢？我们可以将箱子里填满干冰。”

我虽然喜出望外，但还是打断了他，提出了一个我认为很难解决的问题。

“你们到哪里去找那么多干冰？”

“我们计算过，我们的需求量大概占美国干冰供应量的 1% ～ 2%。最大的问题是物流，但我们想出了一个解决方案，可以在自己的工厂生产干冰，然后现场使用。”

我认为这个提议很大胆，让他继续说下去。

“我们可以用汽车、火车或飞机把这些箱子送往世界各地。到达目的地后，他们可以把箱子储存到市面能买到的特制冰柜里，也可以通过向箱子中补充干冰来延长箱子的使用时间。我已经让工程师动手去设计这种实际生活中可重复使用的箱子。我们还要在箱子里放置一款电子设备，实现 GPS 定位、温度显示和光检测功能（见图 3–1）。这种设备可将位置和温度信息实时传输到辉瑞的控制中心（见图 3–2）。如果有人打开了箱子，光检测器也会把这个信息传递给工作人员。阿尔伯特，每一个正在‘环游世界’的箱子的一切信息都在我们的掌握之中，直到它安全抵达目的地。”

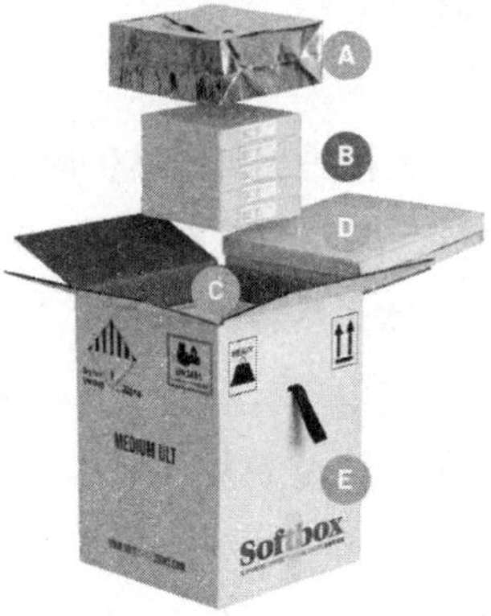

名 称	描 述
A 干冰舱	用于盛放顶层干冰
B 药瓶托盘	药瓶托盘看上去很像小比萨盒。每层药瓶托盘都能装下多个药瓶
C 装药瓶托盘的箱子	保温运输箱内的箱子，用于容纳药瓶托盘。此箱不应拆除
D 顶部泡沫箱盖	顶部泡沫箱盖，里面装有一台嵌入式温度监测装置。顶部泡沫箱盖与箱子粘在一起
E 保温运输箱	外层纸箱

图 3–1　辉瑞新冠疫苗托盘运输箱内部结构

资料来源：辉瑞。

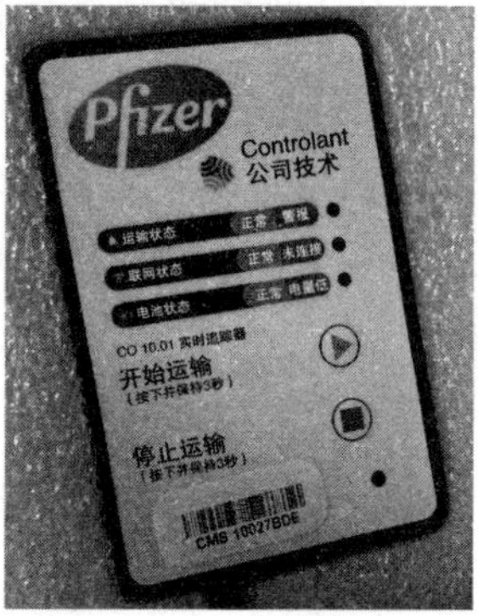

图 3–2　辉瑞新冠疫苗托盘运输箱上的温度测量仪

注：用于追踪运输途中每个疫苗托盘的温度和位置。

资料来源：辉瑞。

这项计划有可能耗资高达20亿美元。我向团队表示了祝贺和感谢，同意开展计划。我记下笔记，提醒自己要将这个决定告知董事会。我明白，这个赌注非常大，项目一旦失败便意味着我在担任首席执行官的第二年就要给公司造成20亿美元的惨重损失。但我也知道，即便蒙受这样的损失，辉瑞也不会垮掉。更何况，这是正确的选择。我打电话给辉瑞的首席独立董事山塔努·纳拉延（Shantanu Narayen），与他讨论此事。山塔努是Adobe公司的董事长兼首席执行官，自从我成为首席执行官以来，他一直扮演着导师的角色。他是“理性”的代名词，拥有凝聚团队的独特能力，常号召辉瑞的董事们团结一心。他仔细聆听了我的话，对我的看法表示认同，认为这是正确的选择。然后我又跟其他几位董事会成员通了电话，征得他们的同意。不难看出，大家很担忧这种疾病在世界范围内的传播，认为辉瑞可以也应该在其中发挥作用。形势之危急，需要大家不遗余力地加以应对。几天后，我向全世界宣布，辉瑞计划在2020年10月底之前研制出能够预防这种全球大流行病的疫苗。

MOONSHOT

04

光速前进，一刻不停

The fight doesn’t wait for those who delay.

战争不等拖延之人。

埃斯库罗斯

古希腊三大悲剧家之一

（约公元前525—前456年）　Aeschylus, 525–456 BC

2020 年 3 月 19 日，我们召开了一场针对新冠疫苗的专题会议。在日程表上，我只将这次会议称作“新冠疫苗计划”。在此之后的一系列例会则逐渐演化成了“特警部队作战会”，时至今日，我们一直称之为“光速计划”（Project Lightspeed）例会。我在每日日程表中也是这样标注的。几个月后，美国政府将新冠病毒感染应急工作组命名为“曲速行动”（Operation Warp Speed），这显然是一个巧合。之所以使用“光速计划”为项目命名，是希望所有参与者明确我们对他们的期望，也就是说，每个人都应全速推进工作。但是，即使每个人都能做到这种程度，仍然是不够的。项目团队拥有自己的节奏，这导致项目按团队而非个人的速度推进。每个人的工作都依赖其他人的工作。**当坚定不移的人走到一起，集体的力量便会发挥更为强大的作用，即总体大于部分之和。对辉瑞而言，由一支**

积极而专注的团队完成的高速决策，将是整个项目成功的关键决定因素。

此刻要比以往任何时刻都要更快地做出决策

通常来说，在企业中，你做出任何决定之前，都应该咨询多个领域的专家。但对于每家公司来说，最大的挑战则是如何让意见不一的同事达成共识。正因如此，2016年，我担任辉瑞生物制药业务（辉瑞创新医疗）负责人时，曾将该业务划分为6个业务部门，每个部门都有相对的自主权，可在预算范围内制定策略决策。这其中就包括疫苗部门，此外还有肿瘤学、内科、罕见病、炎症与免疫学和消费者医疗保健业务部门。我告诉这些业务部门的全球总裁，每个人都应将自己的部门视为一家创业型生物技术公司，每位总裁都相当于首席执行官，而我的角色则是这些业务部门所属的私募股权公司的首席执行官。

我对他们说："一家私募股权公司会对旗下的生物科技公司实施三大措施。

“首先，私募股权公司会任命这些公司的管理层。我已经任命了你们。

“其次，私募股权公司要在战略方向上与管理层达成一致。我们已经讨论了你们每个人都应遵循的战略方向，也明确达成了一致。

“最后，私募股权公司会向这些公司分配资金。能否获得资金需要你们自己争取。优质提案会获得资金。”

每个月，我都会通过一个委员会，审查大家对项目研究、基础设施建设以及商业支出方面的投资请求，并为批准的项目分配资金。然后，我便让大家相对独立地执行计划，同时对指标和结果进行监控。

然而，即使在执行这个制度之后，每个业务部门的大多数决策仍然相当复杂，需要与一众股东进行更广泛的协商。决策的过程依然摆脱不了熬人而缓慢的交涉和多方的妥协，否则事情可能就无法推进。虽然听来令人费解，但当高层管理人员参与项目时，这种情况反而会变本加厉。当一个多学科团队较低层级的管理者做出的决定上达高一级的管理者时，其中一个“老板”可能会因意见不同而导致项目停摆，这种情况时常发生。当分歧最终得到解决时，决策会上达更高一级的管理者，而之前的情形往往会再次上演。

我所实施的新方法虽然提高了灵活性和决策速度，但对“光速计划”这样的项目所面临的前所未有的复杂因素，我们仍需比以往任何时候都更快速地做出决策。例如，我们必须咨询来自不同研究小组的形形色色的科学家，来自不同专业制造小组的工程师、供货负责人，以及律师、业务伙伴、金融人员、通信人员等。他们中的每一位对决策过程都至关重要，因为我们面对的问题异常复杂，需要他们的专业知识。但是，我们必须征得所有人的同意才能进行下一步。我们不能允许被官僚主义或“小我”的执念拖慢脚步，必须消除等级制度分明的流程，简化指挥链，将 3 ～ 4 个管理层合并成一支高效的项目团队，以便及时做出决策。

我们会在每星期的下午 4 点至 6 点开两次例会，但例会经常超时。会议由我来主持。根据需要，研究、制造、金融、法律以及公司事务部门会派出至少两三位管理层代表出席。在“光速计划”这个项目中，我扮演的是“项目经理”的角色。坦白说，我不是最好的项目经理。我虽然做得差强人意，但提供的价值与项目经理有所不同。首席执行官可以打破藩篱，听取每个人的意见，迅速推进事务。在这个团队中，我鼓励每个有不同立场的人发表意见：同意或否决、反对或鼓励。但在会议结束时，因为我在场且有权让大家做出决定，因此结论往往很快就能得出。在有首席执行官参加的那种会议中，人们通常会在正式会议之前进行多次准备会议，以便达成"一致"。而对于这个项目，大家几乎没有时间做准备。面对滚滚而来的数据，我们能够及时做出决策。项目成员抱着一种"临阵磨枪"的心态，刚开始时，并非每个人都能坦然面对。与你的老板（甚至老板的老板）以及团队成员"共处一室"，这种感觉可能不大自在。不过很快，赶在2020年10月底之前研制出疫苗的干劲便让大家忘记了拘谨。

在接下来的几个月里，每到星期一和星期四，我都会在计算机屏幕上看到大约25位公司各部门的领导。我们的会议议题横跨基础科学、临床、制造以及监管等领域。应该怎样选择疫苗的配方？在临床试验方案中应该遵循哪种给药方案？研究人员对某站点的测试严格度是否满意？为临床试验招募患者的速度为什么不够快？该如何确保临床试验的多样性？有没有为生产足够剂量的疫苗做好准备？每瓶疫苗能够抽取多少剂量？FDA紧急使用授权错综复杂的要求，我们得再回顾一次。我们在这个条款上的进展如何？FDA 旗下的生物制品评估与研究中心（Center for Biologics Evaluation and Research）有什么最新动向？相关人员准备好应对 FDA 疫苗与相关生物制品咨询委员会（Vaccines and Related Biological Products Advisory Committee）了吗？诸如此类问题，连番向我们袭来。

漫长的一天过后，奈飞（Netflix）帮助我从没完没了的会议和准备工作中解脱出来，放松片刻。我会走出居家办公室，到厨房喝一杯冰镇的霞多丽白葡萄酒，然后走进起居室，坐在沙发上，看一集《权力的游戏》（*Game of Thrones*）或法国间谍惊悚剧《传奇办公室》（*The Bureau*）。在孩子们看来，我和妻子米里亚姆狂刷《吉尔莫女孩》（*Gilmore Girls*）这件事很可笑。这部剧情喜剧提醒我们，世界上还存在着其他问题。有时，我会暂停节目，拿起手机，通过视频通话和同事讨论某个想法或解决某个问题。

有时，我还会在笔记本上记下第二天要做的事情。在剧集的间隙，我可能会打电话给朋友，或者坐下来和米里亚姆聊聊她这一天过得怎么样。如果觉得自己已经忙得焦头烂额，我就会提醒自己，她在全心全意地照顾着所有人。她总是面带微笑，总是那么积极向上。与最亲密的朋友谈起她时，我会把她描述成一个介于“女超人”和“特蕾莎修女”之间的存在。

时间就是生命

经历了一次又一次的会议，我充满了好奇，也迫切想要知道答案。这项尖端技术的细节让我着迷，我不断提出问题，想要更深入地去理解。我有时会在会上提出这些问题，但更多时候，我会在会后给专家打电话，让对方为我详述或解释会上讨论的问题。之所以把这些问题留到会后，是为了避免浪费大家的时间。除此之外，我也不断对过程中的每一步提出疑问，压缩每一项工作的时间进度。如果有人说需要几个星期时间，我就会问为什么不能在两天内完成。

刚开始时，这种做法可能会让许多人感到不快，但很快，主动提出加快进度的解决方案便成了团队的第二天性，而这些解决方案也往往需要一笔不容小觑的额外的资金。但在这个问题上，金钱不是问题，时间才是关键。在批准额外资金时，我经常会告诉相关团队“时间就是生命”。这句话是对“时间就是金钱”的重新定义。几次会议之后，大家都对期待值有了一个明确的定位。

回顾过去，我认为这个项目最重要的成功因素，就是这种“时间就是生命”的心态。设立野心勃勃、之前从未实现过的目标，可以激发人类的惊人创造力。如果要求团队在 8 年内完成一项通常需要 10 年才能完成的任务，团队虽然觉得有挑战，但仍能在当前方法的框架中想出解决方案。如果要求团队将年产能从 2 亿剂（辉瑞当时的年产能）提升到 3 亿剂，团队虽然会认为有困难，但仍能通过改善目前的生产方案解决问题。改善现状或许会带来更好的收效，但通常来说，这些方法已经经过了多年的优化，在提高交付能力上的上升空间有限。然而在“光速计划”这个项目中，我没有要求大家在 8 年内做完需要 10 年才能完成的事，而是将 8 年的任务压缩到 8 个月内完成。我不是要求大家生产 3 亿剂疫苗，而是生产 30 亿剂。我明确表态，这些目标没有商量的余地。大家从一开始就很清楚，循序渐进无法完成目标。大家需要彻底重新思考现有流程，而且必须从零开始重新设计解决方案，在新方案的每一个新步骤中进行创新。结果，他们真的做到了！

2020 年 4 月 22 日，辉瑞宣布，德国政府已批准辉瑞开展 4 种新冠疫苗配方的评估工作，研究在第二天正式启动。当时，研究人员已经开发出了 4 种候选疫苗，每一种都代表着一种独特的 mRNA 结构与目标抗原的组合。4 种候选疫苗中的两种包含核苷修饰 mRNA（modRNA），一种包含含尿苷的 mRNA（uRNA），最后一种则使用了自扩增 RNA。每种 mRNA 结构都与一种脂质纳米颗粒制剂相结合。其中两种候选疫苗被编入了一种优化的标准长度刺突蛋白，另外两种候选疫苗则被编入了刺突蛋白的受体结合结构域（receptor binding domain）。以受体结合结构域为基础的候选疫苗，含有被认为能诱导抗体的部分刺突蛋白，可致使病毒失活，而较长的刺突蛋白，则能诱发更广泛或更具差异性的抗体反应。

第一轮阶段临床试验的目的，是比较 4 种候选疫苗不同剂量水平的表现。第一阶段临床试验和第二阶段临床试验的剂量递增研究，由约 200 名 18 ～ 55 岁的健康被试参与，以 1 ～ 100 微克作为目标剂量。试验目标是为下一阶段临床试验确定最佳剂量，并对候选疫苗的安全性和免疫原性进行评估。除此之外，这些研究也评估了 4 种候选疫苗中 3 种的重复免疫效果。

2020 年 5 月底，试验人员开始通过第一阶段临床试验对这 4 种疫苗进行测试。他们通常会按序测试这些疫苗，但这次决定同时进行测试，针对每种疫苗试验三种不同的剂量水平。通常情况下，这样的测试项目可能需要 1 年的时间才能完成，而辉瑞的试验人员在 1 个月内就做到了。截至 2020 年 7 月底，他们已为第二阶段和第三阶段组合临床试验做好了准备，最终在 6 个国家的 153 个临床试验点招募了逾 4.6 万名参与者。

试验人员计划在 2020 年 7 月启动至关重要的第三阶段临床试验。随着日期的临近，另一个棘手的决策摆在了我们面前。我们有两种很有希望成功的最终候选疫苗，两种疫苗的配方不同。第一种（代号 b1）只用到了 SARS-CoV-2 刺突蛋白的受体结合结构域。这种候选疫苗拥有最翔实的数据，似乎是一个很好的选择。第二种（代号 b2）则使用了标准长度的刺突蛋白，似乎能激发更广泛的免疫反应，且引发的耐受性、发冷和头疼问题较少。初期数据还表明，b2 候选疫苗可能对老年人更有效，而老年人本身就更容易出现严重的新冠病毒感染，且免疫力更难提高。然而，b2 候选疫苗比较难生产，且可用数据整体较少，因此风险要大得多。b1 候选疫苗的数据之所以更加翔实，是因为相关测试开始得更早，针对 b2 候选疫苗的数据则相对滞后。随着关键截止期限的临近，我们必须确定要在第三阶段临床试验中使用哪一种疫苗。这就好比有两幅拼图摆在我面前：其中一幅已经拼好的拼块更多，呈现一幅美丽的图景，而另一幅拼好的拼块较少，却呈现更加明艳的色彩。

辉瑞的团队团结一心，一边研究现有的数据，一边预测可能发生的情况。尽管第二幅拼图尚有很多空白，但似乎更有希望。随着原定的最后期限的临近，我们决定再等一个星期，获得更多数据。因为我们感觉，这个选择将对疫苗的成功产生巨大影响。把项目的最后期限推迟一个星期，堪称一项重大的决策。

说实话，除此之外，我不记得做过任何其他将“光速计划”日程推迟一个星期的决策，就连延后一天这样的决策我都没有做过。在10天内，我们冥思苦想，忧心如捣，然后又继续搜肠刮肚。是应该选择差强人意但十拿九稳的选项，还是尽最大努力追求有可能效果更好的选项？我们手中80%的数据都是关于b1候选疫苗的，又没有时间为b2候选疫苗积累额外的数据。每耽搁一天，就意味着更多生命的逝去。团队中的一些人认为b1候选疫苗已经足够有效，但另一些人则并不信服。还有一些人担心我们是在为追求“完美”而浪费时间。他们说,“完美”往往是“优秀”的敌人。毋庸置疑，想要选择 b2 候选疫苗并实现商业可行性，即持续保持大规模产量，辉瑞必然需要付出巨大的努力。

那就选择它吧，但愿我们是正确的

2020 年 7 月 24 日，在一次重要的会议上，研究小组最后一次总结了支持和反对两种候选疫苗的论点。另外，大家也看到了几个小时前刚刚得出的最新数据。是时候做出决策了。在计算机屏幕上，我可以看到所有的目光都落在了我的身上。最后的决策权落在我的手里。**我选择了风险更大的选项。**

“大家详细讨论了两种候选疫苗的优缺点，”我对团队说，“在我看来，大多数人都认为 b2 候选疫苗是最好的选择。那我们就选择它吧，但愿我们是正确的。”

在接下来的几个月里，每个人都屏息以待，期待第三阶段临床试验的预防效果和安全性数据证明我们的决策是正确的。因为一旦踏上这条路，我们就没办法回头了。辉瑞的疫苗临床试验招募到了超过 4.6 万名参与者，我们也因此得到了漂亮的数据集，并将这些数据提交给 FDA，要求获得紧急使用授权。这无疑让我们松了一口气。

第三阶段临床试验立即拉开序幕。合作关系甫一开始，乌尔就与我讨论了临床试验中多样性的重要性。我们达成协议，在临床试验中确保参与者具有种族多样性。我们担心，如果没有对世界各地的各种族群体进行临床试验，他们就会对接种疫苗犹豫不决。FDA 坚持要求，每家研发疫苗的公司都要将确保试验过程中被试的种族多样性作为首要任务，对此我们十分赞同。疫苗必须得到人们的信任。回顾历史，包括一些种族和女性在内的几个少数群体的数据，在研究中长期未能得到充分呈现。非洲裔美国人约占美国总人口的 13%，但在临床试验的参与者中，非洲裔美国人只占 5%；拉美裔人口占美国总人口的 19%，但在临床试验的参与者中，拉美裔参与者仅占 1%。

在这方面，辉瑞的表现一向可圈可点，领先于行业标准。赫利奥・勒・格雷弗兰德（Hellio Le Gravcrand）是辉瑞的临床开发和运营负责人。作为辉瑞临床研究领导者，她在 2021 年与人合著了一篇论文，研究了辉瑞在美国赞助的临床试验中参与者的人口多样性。这项研究表明，与行业平均水平相比，在辉瑞赞助的临床试验中，非洲裔美国人的总体试验参与率（14.3%）略高于美国人口普查水平（13.4%），西班牙裔或拉美裔美国人的参与率（15.9%）低于美国人口普查水平（18.5%），女性参与率（51.1%）与美国人口普查水平（50.8%）基本持平。这个结果为我们设置了一个基线，以此为基准，便可通过量化的视角，审视在临床试验中长期致力于改善种族和族裔多样性带来的影响。

然而，新冠疫苗试验不同于普通的试验。这是当时世界上最重要的试验，因此试验人员必须确保在种族多样性上做到万无一失。毋庸赘言，我们希望所有群体都在试验中有所呈现。但是否参与临床试验是个人选择，且经常可能受到偏见或错误信息的影响。我们必须采取进一步的措施。而在推进这项工作的过程中，负责管理辉瑞临床试验多样性的桑迪·阿玛罗（Sandy Amaro）表现出色。她的丈夫让·阿玛罗（Jean Amaro）也是辉瑞的员工，从事质量保证工作。桑迪嫁入了一个“充满爱心的多米尼亚大家庭”，并生下两个孩子。因此，她更能深刻地体会到这项工作的重要意义。

桑迪说：“我想确保我的家人在临床试验和医疗系统中得

到呈现，我想让我的孩子们看到，努力付出可以改变世界。”

桑迪与整个团队团结协作。她的任务是确保临床试验中参与者人员池多样性水平具备统计学意义。换句话说，她的工作重点在于兼容并蓄，为临床团队招募能准确代表人口构成的参与者提供支持。多样化临床试验的目标，是更好地了解一种疗法或疫苗对不同年龄、种族、民族和性别的人群会产生哪些影响，从而检测出特定人群中的安全性或有效性差异。用桑迪自己的话说就是“我们必须以科学为驱动力”，而这一理念已经铭刻在辉瑞人的心里。

除了跟踪数据之外，桑迪和她的团队还认识到社区参与的重要性，他们与多元文化倡导伙伴、医疗机构和立法机构合作，呼吁和鼓励风险最高或在临床试验历史中未得到充分呈现的人群参与。这些就是她为确保新冠疫苗第三阶段临床试验多样性所做的努力。通过大范围的外展工作，我们招募到了新奥尔良和亚特兰大的非洲裔参与者、纳瓦霍族保留地[①]的纳瓦霍族参与者，并从全美各个城市

① 美国半自治的印第安保留地，横跨亚利桑那州、犹他州和新墨西哥州。——译者注

和农村地区招募到西班牙裔和拉丁裔参与者。这一点有着非常重要的意义。例如，在疫苗上市后，纳瓦霍族人的疫苗接种率逐渐超过了全美的整体水平。最终，在全球参与者中，具备背景、地理位置、种族和年龄多样性的参与者达到了 42%。在美国的参与者中，这个数字约为 30%。这些努力，尤其是这些成绩，并未被人们忽视。2021 年春季，英国领先的患者研究和咨询集团 PatientView 更新了辉瑞在 14 家大型制药公司中的排名，辉瑞从第四位“以患者为本”的制药公司升至第二位。

在那些仿佛永无尽头的日日夜夜，每当有人提出难题或挑战，遇到障碍，我都会回答：“人命关天，没有借口。一定要解决问题。”我知道，这是一种心理上或情感上的勒索。但很遗憾，现实就是如此残酷。凯瑟琳住在纽约市的一家医院附近。在会前的等待时间，她不止一次告诉我们，封城期间在当时已成为疫情中心的纽约市散步时，她经常会注意到那些临时的冷藏停尸柜。在“光速计划”例会上，我多次描述了这样的情景。用如此直白的方式让同事们意识到人命关天，我深感愧疚，但我别无选择，因为这种方式非常有效。大家明白“时间就是生命”，因此付出了 200% 的努力。当然，遵守时间表和达成交付成果所带来的压力是残酷的。

回顾过往，我从未因对团队施加太大压力而感到后悔。我知道，如果当初没有这样做，我们绝不会成功，而当今的世界很有可能陷入绝境。之后，《华尔街日报》对辉瑞不讲情理的截止日期和“咄咄逼人的首席执行官”进行了报道。有几次，我的确与团队闹得不愉快，对此，我深感遗憾。我任凭压力宣泄，而没有加以掩饰。意识到自己曾以那样的态度对待没日没夜工作的团队，我更觉得惭愧。在当时，绝大多数人都觉得被我逼得太紧。但后来，在取得了超出想象的成就时，大家都因自己对世界产生的影响而满心自豪，也因此原谅了我。但是，这段记忆仍然留在了大家的脑海中。

现在的我们，已然脱胎换骨

在辉瑞，每过 6 个月，所有管理者都要接受团队的打分，评价他们对勇气、卓越、平等和欢乐这四大价值观的实践情况。我这几项的得分一直都数一数二。但 2020 年底的调查结果显示，我在“欢乐”一项上的得分却直线下滑。这并不是因为我的态度过于强硬。在疫情期间，大家不仅能够接受强硬的态度，甚至会表示欢迎，但是有那么几次，我在同事面前失了态。我当时只顾着埋首解决问题，忘记了对别人的努力成果予以褒奖。某些方面的文化差异，更是加深了这个问题。我的故乡在地中海地区，那里的人们习惯通过言语表达自己的所思所想，这对于其他文化背景下的一些人来说很难接受。我的脾气有时过于火爆。事实上，这么多年以来，为了在跨国公司的环境中生存，我已经在努力克制，尤其是刚来到美国的时候。但现在，在沉重的责任面前，我暴露了自己的弱点，让很多人承受了本不该承受的指责，我对此深感愧疚。

我对收到的反馈进行了反思，很明显，这些评论言之有理。我把反馈结果公布给团队，告诉他们，让他们失望，我深感内疚。高压的环境会考验人的性格，但这一点，我早该料到。人类能够从自己的错误中吸取教训，因此我下定决心，不能再让这种事情发生了。

2020 年 10 月底，我给执行领导团队的 11 名成员发了一封电子邮件。

致团队：

无论同事、政府官员、科学领袖还是投资

者，与我交谈过的每个人都会问我：“你们什么时候能确定疫苗是否有效？”相信你们遇到的情况也一样。现在，答案即将揭晓。再过几天，数据监测委员会很可能会对辉瑞的新冠疫苗临床试验进行期中分析。全世界都在拭目以待。利害关系如此重大，达到了前所未有的程度。

借此机会，我想告诉大家，对于你们这个领导团队，我深感自豪。在过去的 8 个多月里，你们通过远程办公成功地运营着这家全球企业，几乎没有出现任何差池。与此同时，你们也激情饱满地接受了我们在 3 月制订的三个目标：

- 关爱 9 万多名员工；
- 保障稳定的药品供应，不令那些对我们寄予厚望的人失望；
- 在今年研制出一款疫苗。

我知道，我们的团队不在乎付出了多少努力，而是注重结果。尽管如此，在结果揭晓之前，我想对大家的全力付出说声感谢。无论疫苗的赌注是赢是输（相信我们会赢），我们在各个领域都取得了突破。现在的辉瑞，已然脱胎换骨。

对我本人而言，我已经迫不及待地期待着这场疫情的结束，与大家在“使命之环”再度聚首。

阿尔伯特

MOONSHOT

05

狂喜

The greatest pleasures come from the contemplation of noble works.

至上的欢乐，
源于对高尚之职的深思。

德谟克里特

古希腊自然派哲学家

（约公元前460—约前370年）　Democritus, 460–370 BC

2020 年 11 月 5 日星期四，“光速计划”的例会如期举行。当时，美国总统大选于两天前举行。这次会议的目的是，了解我们何时能积累足够的数据，能够对新冠疫苗试验结果进行揭盲，以及决定能否推进紧急使用授权申请。我们得知，这个时刻已经近在咫尺。到了星期日晚上，答案就能揭晓。

揭盲的时刻到了

在公布临床试验数据前的几个小时里，临床开发团队中的一个小组秘密对试验数据进行揭盲，将有效性结果制成表格，提交给数据监测委员会。到了星期日，也就是 11 月 8 日，他们会向公司的执行团队公布数据，向大家揭晓这 9 个月的研发结果。揭盲时间定在了星期日下午。这个小组在幕后紧锣密鼓地搜集和整理来自世界各地试验点的大量数据，没日没夜地工作着。我在事后了解到，一位数据分析师在凌晨 1 点 30 分收到了数据包，但家里突然断网。为了赶在凌晨 4 点 30 分之前把数据交给下一阶段的人员进行分析，他只得深更半夜开车在城里四处寻找可以连上无线网络的地方。终于，他来了一家夜间不营业的加油站，在停车场外发现了微弱得几乎搜不到的信号。就在他坐在车里埋头处理数据时，一位警官把车开进加油站，问他在做什么。分析师向警官解释称自己正在处理与疫苗相关的工作。此后，警官便一直待在分析师的旁边，确保他的安全。就这样，他及时传出了数据包。

11 月 7 日星期六，我下了一番苦功，好不容易才让自己静下心来。深秋灿烂的艳阳没能让我振奋精神，而一波三折的 2020 年总统选举给我们的疫苗研发工作蒙上了政治色彩。几天前，这场选举终于落下帷幕……和美国其他民众一样，我也觉得如芒在背。但我对试验结果的焦虑超出了政治范畴。本周末的消息称，美国当日感染新冠病毒的人数超过 12 万，创下这次疫情中新增病例的新高，而新增病例数还会飙升。作为辉瑞的首席执行官，这个消息似乎是对我个人的一种侮辱。我感觉肩上的责任更重了。

11 月 8 日星期日，mRNA 疫苗的第三阶段临床试验结果即将揭晓。只有辉瑞内部的一小部分人以及德国生物新技术公司的合作伙伴知道这件事。一大堆问题盘桓在我的脑海中。选择 mRNA 技术是否正确？选择 b2 候选疫苗而放弃 b1 候选疫苗，是明智的决定吗？辉瑞或许应该像所有其他公司一样，选择在接种第一剂疫苗的第 28 天后而不是第 21 天注射第二剂疫苗。还有，为什么要选择在第二次注射后第 7 天检测结果，而不是等到免疫反应更强的第 14 天再检测？其他公司全都选择在第 14 天才进行检测。我们到底是勇敢无畏，还是狂妄轻率呢？

“95.6%，先生”

第二天早上，我驱车前往距离纽约市一小时车程的地方，在辉瑞位于康涅狄格州的卫星办公室与一个小团队一起等待结果揭晓。这次研究不仅倾注了辉瑞员工的热情，也投入了辉瑞的科学技术，这无疑是一场会对公司和人类产生巨大影响的豪赌。

我和米凯尔·多尔斯滕同时驾车到达。在办公室外见面时，我们才意识到，虽然在过去 8 个月里我们每天都在一起紧张地工作，但这是我们几个月以来第一次见面。我们一起制定了无数决策，开发了一款即将公布结果的、具有突破性的候选疫苗，但在这段时间里，我们从未碰过面。我偶尔会和团队的其他成员会面，但由于米凯尔家中的特殊情况，他非常谨慎，所以他参加的所有会议都是视频会议。对米凯尔来说，辉瑞为抗击新冠病毒感染所做的工作与他个人息息相关。他不仅是一名医生，也是一个为患者牵肠挂肚的好人，因此他全身心地投入新冠疫苗和治疗方案的研究。在疫情初期，他同为医生的妻子卡塔琳娜感染了新冠病毒，并因症状严重住进了纽约西奈山医院（Mount Sinai）。几个星期以来，他日夜照看在医院重症监护室与病毒抗争的妻子。与此同时，他也在进行疫苗和治疗方案的研究，希望其他人不再遭受他的妻子所经历的一切。我和米里亚姆都是卡塔琳娜的好友，也非常记挂她的安危。我与米凯尔相识多年，但他在妻子与新冠病毒感染斗争的那几个星期中表现出的惴惴不安，我还是第一次看到。因此，我越来越不愿意因为“光速计划”例会的事给他打电话。他察觉到这一点后告诉我，他妻子的情况反而激励他全身心投入工作，于是，他全程深度参与了这个项目。就像我说的，对他而言，这个项目与他个人息息相关。

我和米凯尔热情地互相问候，用撞肘代替了握手，然后走进会议室和其他人会合。大家已悉数到场，其中有辉瑞的法律总顾问兼与我关系甚密的参谋道格·兰克勒（Doug Lankler）。他耐心温厚，并且拥有敏锐的判断力，从容地应对辉瑞在法务和商业上遇到的诸多挑战。还有负责辉瑞对外事务的首席企业事务官萨莉·萨斯曼（Sally Susman）——有时，我会称她为辉瑞的"国务卿"，以及约兰达·莱尔（Yolanda Lyle）。约兰达是一位天赋异禀的律师，也是我的新任办公室主任。她在疫情期间开始出任这个职位，且一上任就完全适应了这个新角色。

在这段时间，这些人的自信和沉着给我吃了定心丸。我和大家坐了下来，漫无目的地聊着天气、体育、时事或其他任何能让时间过得更快的话题。道格说，他紧张得都要吐了。抛开焦虑不谈，我非常高兴能再次与朋友和同事们见面，然而，我一直留意着约兰达的手机，期盼那轻柔的铃声响起。如果数据监测委员会已经会面，结果已经得出，约兰达将会收到通知。疫情期间这漫长的数个星期的压力、疲惫、挫折、希望和梦想，即将在这一刻达到顶点。下午 1 点 27 分，约兰达的手机终于响了。

"执行领导团队请集合。"

我们 5 个人默默走进会议室，进入视频会议。我们的首席开发官罗德·麦肯齐（Rod MacKenzie）已在他所居住的密歇根上线。我们的会议室里还有一名纪录片摄影师，他会将这一刻记录下来。

大家紧盯着屏幕，却没有任何临床试验团队成员现身向我们宣布结果。我们等了又等。漫长的几分钟过后，我打趣道，在这漫长数月的测试阶段，我给团队施加了太多重压，现在换我遭受苦熬了。

“今天我是来‘还债’的。”我笑着说。

为了打发时间，我们继续闲聊。米凯尔就坐在我旁边。我让他预测试验有效的可能性。他在椅子上挪动了一下身体，有些犹豫地给出了 70% 这个数字。我心想，但愿他的判断是正确的。

掌握试验结果的研究人员终于上线。我们努力解读对方的肢体语言，但并没有看出太多端倪。太空探索题材的电影中会出现这样的画面：控制中心的人屏息凝神，等待已安全抵达目的地或路过月球背面的太空舱中的宇航员从宇宙深处发出的信号。这样的场景此刻正在上演。

辉瑞的疫苗临床研发高级副总裁比尔·格鲁伯开口道："**好消息。研究很成功。**审查揭盲数据的独立专家委员会强烈建议我们赶紧提交紧急使用授权申请。"

听到独立专家委员会使用了"强烈"和"赶紧"两个词，我们十分动容。在进行这些试验的过程中，独立专家委员会的措辞一直很谨慎，都是不带感情色彩的只言片语。但现在，我们能真切地感受到对方的激动之情。我们从椅子上一跃而起，开始欢呼庆祝。萨莉、道格和约兰达甚至尖叫起来。我感觉自己仿佛穿上了一件滑翔衣，在群山和绿谷之上翱翔。不一会儿，约兰达拿来了一瓶香槟。原来，为了庆祝期待已久的好消息，她早已准备好了香槟。在众人为这美妙的时刻举杯时，我的目光落在了那天到场的两位辉瑞高级安保人员身上。他俩虽然如往常一样沉默不语，但对眼前发生的事心知肚明。我能感觉到，两人都被深深触动，其中一位几乎已经热泪盈眶。

我们继续庆祝，尚不知精彩的部分还在后面。15 分钟后，两位资深生物统计学家向我和道格报告了这种药物的有效性，其中一位是萨蒂亚吉特·罗伊乔杜里（Satrajit Roychoudhury）。大家已经一致同意，只留下我和道格了解具体的有效性数据信息，这样，我们才能决定如何处理这些或许事关重大的信息。其他人离开了会议室。我和道格接通了一个视频电话，获悉研究结果。我原以为 60% 以上的有效性已经算是好消息，谁知其中的一位生物统计学家告诉我们："在 94 例确诊的新冠病毒感染病例中，有 90 例属于安慰剂组。"我很震惊，还以为自己听错了，于是唐突插嘴提问。

"你说的是 19 例吧？1——9 例？"我问。

"不是。90 例。9——0 例！"

"那有效性有多高？"

"95.6%，先生。"

道格和我一时语塞。

"这个数字有多准确？"我问道。

"统计显著性非常高，先生。"其中一位答道。

"这个数字应该不会出现太大的变化，因为我们已经收集了 164 个病例数据，完成了最终的数据读取。”

我们向两位生物统计学家表达了谢意，结束了视频会议。道格和我面面相觑。我意识到，现在我们掌握的可能是世界上最重要的信息。巨大的责任感油然而生。

“现在该怎么办？”我问他。

“这些信息对公共卫生意义重大，也会影响卫生部门对疫情的思考和规划。我们必须立即公布这些信息。”

我点点头，表示赞同。此前，我曾与“曲速行动”的负责人蒙塞夫·斯拉维（Moncef Slaoui）约定，在期中分析时只公布试验成功或失败，在获得最终数据之前不公布具体数据。斯拉维向我保证，莫德纳也会这么做。斯拉维的担心似乎是，如果研究人员从期中分析中得出了一个具体的有效性数据，而最终分析结果却存在 1 ～ 2 个点的差异，这可能会令公众困惑。但是，大家都认为有效性应该为 50% ～ 70%。而我们现在掌握的信息，是世界各地的卫生官员都急需知晓并为之做好准备工作的信息。一款有效性高达 95.6% 的疫苗即将问世。这彻底撼动了当今的局势。当然，道格知道我和斯拉维达成的共识。

“我们跟斯拉维说好的事怎么办？”我问。

“这条消息对于世界上所有国家的卫生部门都非常重要，”道格回答，“我们必须马上公布消息。”

我想了一会儿，回答道：“我们能不能说，研究得出的有效性在 90% 以上呢？这样一来，就像我们和斯拉维商定的那样，我们不仅给全世界释放了一个关于疗效的明确信号，而且没有透露具体数字。”

道格说：“这行得通。”

我们打开门，道格走进另一间会议室，把米凯尔、萨莉和约兰达叫了过来。关上门后，我做的第一件事就是提醒米凯尔，他预测的有效性是 70%。然后，我就将消息向大家公布了。

“米凯尔，有效性在 90% 以上。”我说。

“哎呀，我的天！”他大喊道。

和在场的其他人一样，米凯尔也很震惊。大家无论如何都不敢相信这个数字。我们进行了讨论，虽然已经得到了实际数字，但为了遵守与“曲速行动”的约定，我们决定只公布“90% 以上”这一区间。没想到，几个星期后，莫德纳竟然在宣布其期中分析结果时公布了一个具体的数字 94.6%，这与我们理解的与“曲速行动”达成的约定有出入。

欣喜若狂，热泪盈眶

按照之前达成的协议，约兰达启动了披露程序。我们必须先召集辉瑞的执行领导团队开会，随后立即召开董事会会议，还必须确定包括新闻稿在内的诸多事宜。我在会议室里又坐了几分钟，还没从震惊之中缓过来。我的头脑中有千头万绪。接下来怎么办？接下来要采取哪些步骤？生产和交付要如何进行？那些还没有下订单的国家怎么办？这样一来，全世界都会追捧这款疫苗。我们能保证供应吗？然而，我很快就回过神来。面对这样一件历史性的盛事，谁会想要枯坐房中呢？更别提我这个希腊人了[①]！

---

① 希腊大部分时间是晴天，希腊人临海而居，因此特别喜欢户外运动。——编者注

我一跃而起，去找道格。

“我能打电话告诉我儿子吗？”我问道格。

我的儿子名叫莫伊斯，与我父亲的名字相同。在疫情的整整几个月内，我的儿子都住在家里，常常陪在我的身边。当时，莫伊斯在伊利诺伊大学学习电气和计算机工程，受疫情影响也只能在自己的房间里上网课。他的房间就在我的居家办公室楼上，他喜欢下楼来到我狭小的办公室，随心所欲地偷听他觉得有趣的谈话。就这样，他成了我信任的顾问。他会坐在摄像头背后，“参加”几乎每一次重要的“光速计划”例会。另外，他还会听我与许多国家元首的通话。每次会议或电话结束时，我都会问他有什么想法，然后跟他讨论一会儿。我也会和他分享我对项目最私密的想法，尤其是我埋藏最深的担忧和恐惧。与他交谈能帮助我厘清思路、看清事态。道格知道，莫伊斯在这几个月给予了我重要的支持，他同意我把好消息分享给莫伊斯。

“在消息公布之前，你要嘱咐他今天别把这件事告诉任何朋友。”道格说。

我立刻给莫伊斯发了一个竖起大拇指的表情。

他马上回复：“有效性很高？”

我回答说：“高得出乎意料。今晚再详谈。”他回复了一个爱心表情！

约兰达通知我，跟执行领导团队和董事会的会议定在一小时后，两场会议紧挨着。董事会和执行领导团队的每个人都很纳闷，不知为何会在星期日晚上突然被叫来参加临时会议。他们虽然不知道研究报告的结果在当天宣布，但也能感觉到发生了什么大事，而且可能与疫苗研发有关。

但在参加会议之前，我必须打一个特别的电话。辉瑞的合作伙伴、德国生物新技术公司的首席执行官乌尔·萨欣，正远在德国等待结果。我在会议室旁边的一间小办公室打电话给他，告诉了他这个让人难以置信的好消息。我还特意给他打了视频电话，这样，我们就能看到彼此的表情了（见图 5–1）。视频接通后，我们轻声交谈。我心潮澎湃，又一次激动得哽咽，眼眶湿润。同时，我能感觉到他也感慨万千。听到疫苗被证实高效的消息，他的表情说明了一切。一时间，我们两人热泪盈眶。乌尔对这个项目一直非常有信心，但这个消息还是出乎他的意料。几秒钟时间里，我们只是一言不发地看着对方，内心百感交集。这件事过去好几个月后，乌尔告诉我，那次谈话仿佛是在慢动作下进行的。

图 5-1 艾伯乐通过视频电话与乌尔·萨欣博士分享试验结果

资料来源：辉瑞。

事实证明，我们当初的冒险行为是正确的。沉默了几秒之后，我们探讨第二天向媒体公布试验结果的相关事宜，然后就结束了通话。

随后，我们召开了执行领导小组视频会议。会议结束30分钟后，我们又同董事会进行了视频会议，告诉大家：今天，我们从期中分析中得到了一个确凿的好消息。研究团队得到的结果非常乐观，辉瑞将在第二天向全世界宣布，这款疫苗的有效性超过90%，并计划在2～3个星期内申请紧急使用授权。大家的喜悦和如释重负之情溢于言表。每个人都明白，从明天开始，整个世界的局面都将发生天翻地覆的变化。

董事会会议结束后，我又打了两通电话。我先打给了FDA生物制品评估与研究中心主任彼得·马克斯（Peter Marks）博士。得知结果后，他欣喜若狂。

马克斯博士让我尽快提交紧急使用授权申请，以便让FDA尽早审核。然后，我又给托尼·福奇博士打去了电话。我一开口便问他有没有坐好。福奇博士知道，我们原计划今天收到数据结果，因此当我提出这个问题时，他如坐针毡。事后他告诉我，被我这样一问，他一时间搞不清楚结果到底是非常乐观还是极其糟糕。

“我坐好了。告诉我吧。”福奇博士回答说。

“托尼，结果很乐观。总共有 94 例患者，其中 90 例属于安慰剂组，4 例属于疫苗组。有效性高达 95.6%。”

托尼向来谨慎，但那一刻，他的激动之情溢于言表。“阿尔伯特，这个结果足以扭转局面。”他声音颤抖地说。

“我们明天就公布结果。”我告诉他。

我衷心地为他感到高兴。几个月来，他坚守阵地，承受着来自白宫和卫生与公共服务部的重压。我们有时觉得，他是这场危机之中唯一可靠的官员，是唯一一个值得每个人信任的官员。现在他终于能够确定，控制疫情的利器已经握在手中。

MOONSHOT

06

过去，现在，未来

He is a wise man who does not grieve for the things which he has not, but rejoices for those which he has.

睿智之人不会为没有的而懊丧，而是会为拥有的而欣喜。

爱比克泰德

古罗马哲学家

（约50—约138年）

Epictetus, AD 50–138

直到那天晚上 7 点左右回到家，我才开始反思。我坐在自己最喜欢的椅子上，任寂静将我笼罩，流下了喜悦的泪水。我就那样静静地坐在那里。我的妻子、儿子和女儿在我身旁坐下。儿子握住我的一只手，女儿则拉着我的另一只手。这几个月来，我一直居家办公，在项目推进过程中的所有重大时刻，他们都陪在我的左右。他们和我一起经历了所有的跌宕起伏。现在，他们为我们取得的成就而心潮澎湃。那天晚上，我想到了全球感染新冠病毒的近 6 000 万名民众以及因病离世的 130 多万个生命。这场危机的严重性让我百感交集，而迄今为止辉瑞取得的成就，让我的心中溢满喜悦。

来自父母的勇敢，才让这一切发生

在苦乐参半的静谧时刻，我想起了我的父亲莫伊斯·布尔拉（Mois Bourla）和母亲莎拉·布尔拉（Sara Bourla）。我开始回顾我的家族历史。

我的祖先在15世纪后期逃离了西班牙。当时，斐迪南二世和伊莎贝拉一世颁布了阿兰布拉诏书（Alhambra Decree），规定所有西班牙犹太人必须皈依天主教，否则就要被驱逐出境。我的祖先们最终在奥斯曼帝国的塞萨洛尼基落脚。1912年，塞萨洛尼基脱离了奥斯曼帝国，成为希腊的一部分。

在希特勒的铁蹄踏破欧洲之前，塞萨洛尼基拥有一个繁荣的西班牙裔犹太人社区。然而，占领这里不到一个星期，纳粹就逮捕了犹太领导人，驱逐了数百个犹太家庭，没收了他们的公寓。纳粹用了不到3年的时间，就将这个群体赶尽杀绝。在德军入侵希腊时，大约有5万名犹太人住在城中，而到战争结束时，幸存的犹太人却只有大约2 000人。

幸运的是，我的父母都在幸存者之列。

同许多其他家庭一样，父亲一家也被带到了犹太人聚居区，同其他几个犹太家庭挤在一间房子里。他们必须戴上黄色的星章才能进出聚居区。

然而就在 1943 年 3 月的一天，犹太人聚居区被占领军包围，出口被封锁了起来。当时，我的父亲莫伊斯和他的兄弟因托在聚居区外。返回的时候，他们遇到了同在聚居区外的我的祖父。祖父把刚刚发生的事情告诉他们，让他们赶快离开并躲起来。但他自己必须回到聚居区内，因为他的妻子和另外两个孩子都在那里。当天晚些时候，祖父亚伯拉罕·布尔拉（Abraham Bourla）、他的妻子瑞秋、女儿格拉谢拉和小儿子戴维被带到火车站外的一个营地，从那里出发被送进了奥斯威辛集中营。我的父亲和因托从此再也没见过他们。

就在那天晚上，父亲和因托逃到了雅典，在那里拿到了带有教名的假身份证。为他们提供假身份证的警察局长，当时正在帮助犹太人摆脱纳粹的迫害。第二次世界大战结束之前他们一直待在雅典，其间不得不隐瞒自己的犹太人身份，使用假名“科斯塔斯”和“瓦西里斯”。

德军撤离后，两人回到塞萨洛尼基，发现所有家产和财物不是被偷走，就是被变卖。一无所有的两人白手起家，努力拼搏，合伙做起了酒水生意并取得了成功。他们一直共同经营，直到退休。

同样，我的母亲在自己的国家中也过着东躲西藏的日子。她侥幸逃脱了奥斯威辛集中营的噩梦，在亲情的支撑下捱过艰难的岁月。毫不夸张地说，是亲情的羁绊拯救了她的生命。

与父亲一家一样，母亲一家也被安置在犹太人聚居区的一所房子里。我母亲是 7 个孩子中最小的一个。她的姐姐已经改信基督教，嫁给了一位在战前爱上的基督徒。她和丈夫住在另一个城市。在那里，没有人知道她是犹太人。当时，跨宗教婚姻还不被社会接受，因此，外公拒绝同大女儿讲话。

纳粹承诺要在波兰设立一个犹太人定居点，给犹太人新的生活。当一家人决定赶赴波兰时，我的外公让大女儿回来见他。在他们此生的最后一次见面中，他将自己最小的女儿，也就是我的母亲托付给了大女儿。

我的母亲在那座城市是安全的，因为没有人知道她或她的姐姐有犹太血统。外公一家其他人则被送上火车，送进了奥斯威辛集中营。

战争临近尾声时，母亲的姐夫被调回了塞萨洛尼基。那里有人认识母亲，因此她不得不终日躲在房子里，生怕被人认出，交给纳粹。然而，她当时还只是一个十几岁的孩子，有时忍不住会溜到外面去玩。不幸的是，她在外面散步时被人发现了，遭到了逮捕。

母亲被关进当地的监狱。这可不是什么好消息。众所周知，每天中午前后，都会有一些囚犯被装上卡车，转移到其他地方，然后在第二天黎明被处决。母亲的姐夫，也就是我亲爱的基督徒姨父科斯塔斯·迪马迪斯（Kostas Dimadis）对此心知肚明，于是找到了马克斯·默滕（Max Merten）。此人是个臭名昭著的战犯，负责指挥占领该市的纳粹部队。

姨父给了默滕一笔钱，让他保证我的母亲不被处死。但我的姨妈不信任德国人。因此她每天中午都会到监狱去，看着他们把犯人押上那辆开往刑场的卡车。有一天，她看到了自己一直担心的一幕：我的母亲被押上了卡车。

她跑回家把这件事告诉了我的姨父，他立刻打电话给默滕，提醒对方不要忘了之前的约定，还试着用食言这件事羞辱默滕。默滕说他会调查此事，然后便生硬地挂了电话。

那一夜是我的姨妈和姨父一生中最漫长的夜晚，因为他们知道，第二天早上，我的母亲很有可能面临被处决的命运。到了第二天，在城市的另一端，母亲和其他犯人被迫靠墙站成一排。而就在她即将被处决之前，一名士兵骑着一辆宝马摩托车来到现场，把一些文件交给了行刑队的负责人。

他们把我的母亲和另外一个女人带走了。两人坐车离开时，母亲还能听见机枪扫射的声音。那个声音她一生都挥之不去。

两三天后，她被释放出狱。短短几个星期后，德军就撤离了希腊。

时间快进到 8 年之后，我的父母通过家人介绍相识。这种形式的相亲，在当时非常常见。两人相互喜欢，同意结成连理。婚后，他们生了两个孩子，也就是我和妹妹赛莉。

父亲对我有两个心愿。他希望我成为科学家，还希望我能娶一个好姑娘为妻。我很欣慰，他活了足够长的时间，亲眼看到这两个心愿变成现实。然而很遗憾，他在我们的孩子出生前就去世了。我的母亲很长寿，看到了两个孩子降生，这真是太好了。真希望在揭晓 mRNA 疫苗第三个阶段临床试验结果的那个晚上，他俩能在我身边，听我分享第二天一早全世界将会知晓的好消息，以及我在其中起到的作用。如果不是因为他们的勇敢，所有这一切都不会发生。

好消息不胫而走，报道铺天盖地

第二天，也就是 2020 年 11 月 9 日，我们召开了新闻发布会。米凯尔和我抽时间接受了媒体的采访。在采访开始之前，我给“曲速行动”的负责人蒙塞夫・斯拉维致电，提前告诉了他这个好消息。当时大概是早上 6 点，但我从之前的谈话中得知，他每天早上 5 点前就会起床。我在前一天已经打电话通知了彼得・马克斯和托尼・福奇，也曾想过打电话告知斯拉维。但我担心如果这么做，信息可能会泄漏。我并不是担心他会泄漏消息，而是担心他必须将此事告知白宫，而消息会从白宫泄漏。但最终，我还是给斯拉维打去电话，他非常激动，他的声音里透着兴奋和喜悦。

那天早上，萨莉和约兰达在天亮前来到我家。约兰达觉得，在我们向全世界公布这一重大消息的当天，团队中必须得有人陪在我的身边。萨莉和约兰达都住在纽约市，因此那天清晨，两人一起搭车来到我家。两人约在早晨5点30分碰头，一起赶到威斯特彻斯特（Westchester）。她们事后告诉我，在来的路上，她们的心中溢满了幸福和无上的自豪。看着太阳沿着地平线缓缓升起，她们心中的激动之情更是难以抑制。在疫情肆虐之际，我们即将与全世界分享第一条带来希望的消息。

这个好消息不胫而走，迅速占据世界各国新闻媒体的头版，甚至成为当日唯一的头条。媒体报道铺天盖地。在几个月的黑暗之后，全世界第一次迎来了这个大好的消息，让人们看到了希望。隧道尽头的光明，已经若隐若现。白天，我要么是在接受采访，要么就是与向辉瑞表达祝贺的多国领导人通话。下午晚些时候，我才有了休息的机会。说是休息，其实就是像过去数月中的每个星期一和星期四那样，参加“光速计划”的例会。我们特别在这次会议的开头设置了庆祝环节。但很快，每个人都回到了工作状态。我们开始探讨需要采取的措施，以便尽快向FDA和其他监管部门提交文件。另外，我们还要尽全力确保早期批次疫苗能够及时生产出来，这可是团队所有人承担了巨大的风险换来的结果。这样，在预期批准时间过后的几个小时内，我们就能将疫苗发往世界各地。

在接下来的几天里，辉瑞的新闻持续占据媒体报道的各大版面。各国元首纷纷发来贺电，祝贺我和辉瑞。时任以色列总理本杰明·内塔尼亚胡（Benjamin Netanyahu）于11月11日发来贺电，他是首批来电的国家元首之一。另外，我还接到了很多美国国会议员的电话，包括时任美国众议院议长南希·佩洛西（Nancy Pelosi）、参议院多数党领袖米奇·麦康奈尔（Mitch McConnell）、参议院少数党领袖查尔斯·舒默（Charles Schumer）以及众议院少数党领袖凯文·麦卡锡（Kevin McCarthy）。与此同时，有消息称特朗普总统对辉瑞和我个人极为不满，因为试验结果是在11月3日大选之后公布的。他越发觉得这样做是故意加害于他。因为我们本可以在选举之前就得到结果的。同一消息还称，卫生与公共服务部长阿扎也这样认为，而他也是不断煽动总统怒火的人之一。几天后，我接到了副总统彭斯的电话。我知道白宫当时的气氛，因此担心他打电话给我是要表达不满，但是我多虑了。他气度超凡，向我表示祝贺，并感谢我为美国和全世界所做的一切。他对其他事情只字未提。这个人给我留下了深刻的印象。然而，特朗普却始终没有打来电话，既没有表达谢意，也没有表达不满。

为何抛售股票，质疑很快到来

世事难料，在这一个星期里，我的私人生活也不可避免而极不赶巧地成为焦点。当辉瑞的股票价格迅速飙升至早前设定的数值时，我事先确定的以该价格出售辉瑞股票的计划随即触发。绝大多数人可能不知道，实际上，首席执行官无法轻易出售其所在公司的股份。他们掌握着大量重要信息，因此有可能会遭到这样的指控：他们之所以抛售股票，是因为掌握了公众无法获得的内部信息。因此，律师通常会建议采用“10b5-1 交易计划”。该计划要求预先确定在未来特定时间内想要出售的股票数量，以及触发这次出售的限价。

在辉瑞，我们部署了额外的预防措施，规定出售股票的操作在制订完计划至少两个月后才能触发。这样一来，从设定限价到出售股票，至少也要间隔两个月。这样做有利于确保掌握非公开重大信息的人能够遵守证券交易规则。这个计划是我在 2020 年 2 月制订的，我们当时并不知道新冠病毒感染会成为全球流行病，也没想到辉瑞即将研制疫苗。我选择美国富达投资集团作为计划的管理人，并预先设定了 41 美元的限价。2020 年 8 月，在计划到期前，我按相同的预定股数和行使价将计划延长了一年。在 2020 年 11 月 9 日公布第三阶段临床试验的结果后，辉瑞的股票在当天一度突破限价，于是富达投资集团便自动出售了部分股票。直到富达投资集团在一天之后通知我时，我才意识到这笔交易已被执行。信息一经公开，两天前还对我大加赞誉的电视节目和报纸便开始提出质疑，仿佛辉瑞这次出售股票是因为我知道 11 月 9 日这一天将会发生什么。如此突如其来的关注让我很不习惯、手足无措。有生之年，我第一次感受到了作为公众人物的坏处，两天前才刚刚“拯救世界”的我，受到的评价急转直下。

获批，100 多个国家通过审核

在接下来的几天里，一大群科学家整理了数据，准备好即将提交给监管机构、供其审核的所有资料。对 FDA 来说，我们需要准备的就是申请紧急使用授权所需的所有资料。每天，我都会收到两次关于提交进度的最新消息。我们需要提交的数据量非常大，一般提交的资料有数千页之多。在过去几十年，开发疫苗的制药公司会通过邮件或隔夜快递的方式，将书面形式的临床试验数据分析报告提交给 FDA。后来，制药公司则会将数据储存在硬盘上寄给 FDA。最近使用的方式，则是通过门户网站上传相关资料。这一次，“曲速行动”动用了美国特勤局。“曲速行动”成员表示使用门户网站的风险太大，于是给了我们一个加密硬盘，并告诉我们，特勤局会到辉瑞在费城外的一处工厂取资料，交换密码是“黄石”。直到最后一刻，研究人员才把信息下载到硬盘上。

11 月 20 日星期五，交换信息的过程仿佛《007》电影里的场景一般：两辆完全相同的纯黑 SUV 来到了辉瑞位于宾夕法尼亚州科利奇维尔（Collegeville）的大楼前。特工们被带到存放硬盘的房间接管硬盘。双方签署了保管链文件，特勤局要求所有人离开房间。然后，一位特工把硬盘放进随身携带的包里，另一位把一个空的硬盘装入另一个一模一样的包里。两人离开房间的时候，没人能分清到底哪位特工拿的是存储了信息的硬盘。然后，两名特工各自坐上不同的车离开。任务完成后，宾夕法尼亚州的研究团队开了香槟庆祝。这一星期发生的事情实在太多了。

我们将同样的信息提交给世界各地的多家审查机构。英国于 2020 年 12 月 2 日批准了这款疫苗的使用，是全球范围内首个批准 mRNA 新冠疫苗的国家。12 月 11 日，FDA 发布了该疫苗的紧急使用授权。几天后，以色列也批准了该疫苗的使用。欧盟于 12 月 21 日予以批准，世界卫生组织于 12 月 31 日发布了认证。辉瑞和德国生物新技术公司合作研制的新冠疫苗是首款获得上述机构批准的新冠疫苗。在接下来的数个星期和数个月中，这款新冠疫苗在 100 多个国家获得批准并被运送至这些国家。

MOONSHOT

07

生产，第二个奇迹

Ever to excel.

永占鳌头。

荷马

古希腊行吟诗人

（公元前9—前8世纪）　Homer, 9th–8th Century BC

在创纪录的短时间内迅速研发出这款疫苗，感觉就像创造了一个奇迹。快速大规模生产和配送的能力，则是我们创造的第二个奇迹。疫苗的开发和生产是事物的阴阳两极，仿佛同一枚硬币的两面。**将实验室里的一个方程式转化成数十亿剂疫苗，安全运送到世界各地的数百万个地点，交给训练有素的一线工作人员，注射进急需救治的患者手臂之中，这本身就是一场奇迹之旅。**具体来说，这个过程由一系列战略性小型“奇迹之旅”组成，包括动态的供应链、精密制造能力以及史无前例的陆海空物流系统。若非每一步都有世界级的专业团队支撑，整个项目便可能以失败告终。

完成这些错综复杂的奇迹之旅的秘方，便是辉瑞人的创新精神和永不言弃的意志。

生产的压力渐渐凸显

辉瑞的生产工作由迈克·麦克德莫特领导。迈克曾与研发团队配合工作，但在 2020 年 11 月数据公布之后，接力棒便交到了他的团队手中。而为全世界生产大量疫苗的工作，便落在他的团队的肩上。辉瑞的生产部门大约有 2.6 万名员工，遍布全球 42 个生产工厂。

早在 2020 年 1 月新冠病毒在全球肆虐之前，负责中国工厂运营的辉瑞全球供应部就因疫情陷入了危机。迈克和他领导的团队必须迅速采取措施，确保药品生产。下一场大暴发发生在意大利，那里也有辉瑞的生产基地。我们的第一要务是保障在当地负责药品生产和供应的员工的安全。2020 年 1 月下旬，美国首次确诊新冠病毒感染病例时，我们在这方面已经积累了许多经验。这些地区的专业人员日以继夜地工作，确保全球患者能够持续获得药品供应。我们立即实施了一系列前所未有的全面准备措施，以便保障工厂的运转。这些措施包括：减少现场工作人员数量，只留下重要的药品生产人员；保持社交距离，加强工厂的清洁工作；充分利用“数字运营中心”平台并增加该平台的功能。数字运营中心是辉瑞自己开发的数字平台，用于确保供应业务顺利开展。新增功能包括“可视化管理”以及行动跟踪功能，前者是一个可呈现生产工作全貌的交流工具，后者则让辉瑞线上和线下工厂的同事在保持社交距离的同时实现沟通和协作。

我们采取了一切预防措施来确保生产工厂的安全可靠，这样，我才能够实施在 2020 年 3 月拟订的行业合作计划，将辉瑞的产能供其他生物制药公司使用。例如，吉利德科学公司（Gilead Sciences）便利用我们的设备，保障了抗病毒药物瑞德西韦不断增长的供应需求。与此同时，迈克的团队还要生产医院所需药品，从而缓解日益增加的患者带来的压力。比如，有些患者用上了呼吸机，需要通过辉瑞生产的药物麻醉镇定、放松肌肉和缓解疼痛。

然而，生产部门的压力才刚刚凸显。最初，当该团队得知我们将要生产一种对抗新冠病毒感染的疫苗时，大家欣喜若狂。他们推想，研发需要一年或更长时间才能找到合适的配方，然后再用一年的时间填充[①]和包装最终产品。然而，我所预想的时间计划却与大家的构想有着天壤之别。

① 指将无菌药品装进最终包装，以便贴上标签或进一步包装。——译者注

我要求该团队中最优秀的人参与项目，确保各个环节并行推进，不考虑预算。通常情况下，我们会依次进行研发和生产。也就是说，研究人员会先开展研究，取得成功后，才会把资源投入生产的准备工作中。对于新冠病毒感染病，我们没有这样按部就班，而是采取了多管齐下的方式，这导致资源支出飙升。但我们并不会因此而偷工减料。疫苗的安全性和有效性至关重要。我要求每个团队为所需的资源制订预算。生产部门最初预计，仅启动工作就需要投入 5 亿美元，而这一数字又迅速飙升至 8.5 亿美元。他们给出这个预算时，我不仅表示公司会提供全额资金，还问他们如果进一步提高生产速度，还需要哪些额外的资源。

没完没了的最后期限和不断调换的优先事项

我参考了在新冠病毒感染疫情之前辉瑞的疫苗年产量——2 亿剂，包括保护婴儿、儿童和成人的肺炎球菌流感疫苗沛儿（Prevnar）。在新冠病毒感染疫情之前，沛儿是辉瑞产量最大的疫苗，而这样的产量水平，是 10 年积累的结果。我知道，我们需要在短短 9 个月内将疫苗总产量翻倍，而这一壮举需要通过从未使用过的 mRNA 技术平台实现。

更重要的是，生产部门并不确定我们最终要生产的是哪种候选疫苗。他们必须为 4 种不同的配方和 4 种不同的生产模式制订计划。而在通常情况下，生产部门只会针对一种疫苗配方进行生产。在我们最终选择 b2 候选疫苗之前，4 种配方被减至 2 种。在那之前，生产部门或许要在上午以“光速”生产 b1 候选疫苗，到了下午则以同样的速度生产 b2 候选疫苗。来自密苏里州切斯特菲尔德（Chesterfield）的药剂师约翰·路德维希（John Ludwig）是辉瑞的医疗服务负责人。他非常坚定地告诉团队，如果计划没有每天发生改变，那或许说明我们没有为结束这场疫情倾尽全力。

没完没了的最后期限和不断调换的优先事项让人灰心丧气、筋疲力尽、烦躁不安。必须到工厂上班的生产人员和远程员工，都难逃这种影响。必须到工厂上班的人，承担着感染新冠病毒的风险。尽管如此，他们仍然按时到岗，为患者寻找希望之源，这种行为不得不令人叹服。

例如，辉瑞的几家研究实验室所在的纽约珀尔里弗也是新冠病毒感染的高发区。也就是说，研究疫苗的人每天都要在接触高危人群的情况下去工作。在疫情期间，每天都有超过 350 人进入珀尔里弗研究实验室。他们一丝不苟地采取预防措施，包括戴口罩、勤洗手、保持社交距离、穿戴防护装备。但他们要在那里工作很长时间，甚至整个周末都得待在那里。这是他们在困难环境下做出的巨大牺牲。我们看到，疫情期间，全球有约 3 400 名辉瑞同事感染新冠病毒，数十人住院治疗。截至 2021 年 7 月 27 日，共有 23 名同事和 4 名合约工失去了生命。当我得知有家庭陷入了悲痛或困境，便会亲自致电或发邮件慰问。

选定 3 家工厂，全力以赴

尽管如此，全球仍有数百万生命逝去。我们逐一评估了各个工厂的补充产能和潜能，从而想方设法提高安全性和速度。在遍布美国各地的生产工厂和配送站中，我们选出三个并投入全部资源。第一家生产工厂是位于密苏里州的切斯特菲尔德。

这个生产工厂用于生产疫苗抗原使用的质粒 DNA。

这些 DNA 可作为模板，用于制造疫苗中包含的 mRNA 序列。模板 DNA 在细胞培育过程中产生，随后通过一系列台阶色谱和过滤步骤纯化。纯化后的模板 DNA 经过线性化，就成为 mRNA 原料药，接下来，就可以在辉瑞位于马萨诸塞州安多弗（Andover）的工厂大规模生产。

安多弗的生产工厂使用酶促工艺，将线性化的模板 DNA 与 mRNA 构建块放进反应容器中培养，从而生产 mRNA 原料药。接下来，我们对 mRNA 原料药进行纯化，使其达到高质量标准，然后将其运至两个不同的生产工厂根据相应的配方进一步加工。第一个生产工厂位于密歇根州的卡拉马祖（Kalamazoo），这里既是普强制药公司（Upjohn）[①] 创始人威廉·厄普约翰（William Upjohn）的出生地，也是辉瑞在美国最大的无菌注射剂生产工厂所在地。第二个生产工厂位于欧洲比利时的皮尔斯（Puurs）。皮尔斯是安特卫普省一个以白金芦笋和美味啤酒闻名的小镇，也是辉瑞在欧洲最大的无菌注射剂生产工厂所在地。我要求团队确保生产过程的每一步都在这两家生产工厂完成。之所以双管齐下，是为了确保如果一家工厂出了问题，辉瑞还有另一家生产工厂可以继续生产疫苗。另外，

① 后被辉瑞收购，改名为辉瑞普强。——编者注

我还想确保拥有两条彼此独立的生产线，以防其中某个地区实施出口限制。后来事实证明，采取这个预防措施是非常明智的。

在此过程中，研究人员通过撞击射流混合和专门混合等步骤，将 mRNA 原料药和其他原料进行组合，制造出至关重要的脂质纳米颗粒，然后再进行无菌过滤。随后，散装疫苗被转移到无菌灌装生产线，装入灭菌小瓶加盖。在那里，疫苗经过检验之后，进入包装生产线进行贴标包装。包装好的箱子被放入冷藏库，等待最后装进干冰运输箱。

然而，这时我们遇到了麻烦。为保护当地利益，一些国家禁止我们生产疫苗所需的原料和物质出关。因此，我们需要建立一个烦冗的供应链，以防某个或多个国家出现这类情况。这是一个牵涉多方的难题。其中的一个难点在于，我们需要玻璃药瓶和为药瓶加盖的瓶塞。值得庆幸的是，作为这种药瓶最大的买家，辉瑞已经与供应商建立了良好的关系。

事实证明，辉瑞生产的新冠疫苗的关键成分是脂类。我在前文中说过，这种疫苗使用脂质纳米颗粒运输 mRNA，从而指示细胞制造 SARS-CoV-2 刺突蛋白。以化学方法合成的脂类，成为亟待解决的首要制约因素。这是一种新成分，尚未在其他疫苗中大规模使用过。

更困难的是，疫苗生产需要4种不同的脂类。其中两种脂类涉及专利问题，余下两种则是普通商品。问题是，去哪里购买大批量不同种类的脂类呢？果然，非常难买到。对于作为普通商品出售的那两种脂类，利基型化工公司成了辉瑞的重要合作伙伴，满足了我们的要求。“携手共进”这个词，已不足以描述辉瑞与整个生物制药生态系统开展的密切合作。但即便做到这一步，辉瑞仍嫌不够。辉瑞不得不亲自开展生产业务。我们开始自己生产脂质，以增加供应，并确保生产可持续进行下去。我们先是在康涅狄格州格罗顿（Groton）的生产工厂施行这种模式，然后在其他工厂推行。通常来说，辉瑞并不会自己生产原材料，但这是非常时期的非常手段。

出于研究目的在实验室制造mRNA脂质纳米颗粒，与工业和商业规模上的制造完全是两码事。在研究阶段，我们设计并构建了一个技术解决方案，其中会用到两台高压泵，一台用于水溶剂，另一台用于有机溶剂。除此之外，还要用到一台鼠标大小的装置，我们称之为“T型混合器”。水溶剂及有机溶剂被泵入T型混合器，之后就可以生成脂质纳米颗粒。整个过程由人工智能通过一套非常复杂的算法来控制，这套算法是专门为制造脂质纳米颗粒而编写的。然后，脂质纳米颗粒被纯化，最终填充进玻璃瓶，成为人们看到的成品。

在着手生产更多疫苗时，我们也开始担心已经负担过重的供应商的产能。我们最终确定的解决方案就是构建自己的产能。这需要大量的高压泵和T型混合器，用于制造脂质纳米颗粒滑块①。科技行业已经出现了仓库大小的数据中心，由成百上千台网络计算机组成。这些计算机结合起来，形成云计算能力。研究人员对脂质纳米颗粒滑块也有类似的构想。结合起来，这些滑块可以用于生产大剂量的疫苗。我们坚持“良好生产规范”，制造我们需要的工具和软件。借助新开发的产能，辉瑞和德国生物新技术公司已向全球100多个国家提供了数亿剂疫苗。

“曲速行动”的负责人蒙塞夫·斯拉维参观了我们的卡拉马祖基地，并在接受《华盛顿邮报》采访时表示，辉

① 简而言之，辉瑞使用的是一种撞击射流混合器，将脂质泵入一侧，将mRNA泵入另一侧，用高压迫使二者结合，生成脂质纳米颗粒。——译者注

瑞人的全力以赴给他留下了深刻的印象。他表示，辉瑞显然计划利用其庞大的全球规模、丰厚的现金储备和大批工程师，采用“势不可当的蛮力”，制造出数十亿运载 mRNA 的脂质纳米颗粒。

“你永远都没有满足的时候”

在每星期两次的“光速计划”项目会议上，迈克·麦克德莫特和他的团队是至关重要的与会人员。随着时间的推移，他开始逐渐接受和支持辉瑞“心怀高远”和“大胆行动”的企业文化。然而，将心怀高远当作抱负以及将心怀高远付诸实践，这二者之间是存在差异的。就像对待团队中的其他人一样，对于辉瑞的制造团队，我也同样探索了可能性的极限。有时，这个过程就像拔牙一样痛苦。虽然管理团队和制造团队都有些手忙脚乱，但制造团队的表现仍然可圈可点。在疫情刚出现时，我们设定了 2 亿剂疫苗的年度生产目标。这个数字迅速变成 5 亿剂。而我仍希望提高目标：为什么不能生产 10 亿剂？ 10 亿剂的目标完成后，我又问：为什么不挑战更多呢？迈克告诉我，我们取得的成绩，实际已经算是个奇迹了。

“你永远都没有满足的时候，”他说，“你提的要求根本不可能实现。”

这两句话都是正确的。刚刚开始这段旅程时，团队的成就便已经超出了我的想象。但我从来没有满足过，而是一直加码。其实我明白，我已经组建了最佳阵容。这些成员都是卓越的人才，我相信我们能够实现目标。事实上，在我看来，唯一能够实现这一创举的团队，非我们莫属。

事情虽然不断向前推进，但推进过程可谓一波三折。我毫不留情，持续施压。我对数字非常敏感。如果某个预期数字在提出一个星期或一个月后毫无理由地降低了，我便会怒不可遏：“第 7 张幻灯片上的时间表和执行摘要那一页的日期不一致。第 11 张幻灯片上的数字比你上次给我看的要小。你们应该把这些修改在幻灯片的前几页凸显出来，而不是藏在中间。拜托别再犯这种错误了。你们很清楚，我对数字特别敏感……”

终于，约兰达给辉瑞全球供应团队成员打去电话，建议他们一旦修改数字，就要在开会前打电话告知我。“在一对一的环境下分享这些难以启齿的信息，不比在团队会议中分享更合适吗？”她问道。大家都对这个建议表示了赞同。

在这个过程中，我见证了迈克一步步成为一位优秀的领导者。他接受了“心怀高远”的思维方式，并放开了手脚。他会设定大胆的目标，并想尽一切办法扫除每个可能阻碍目标实现的障碍。我清楚地记得，在一次会议上，他向我们演示了如何将 2021 年的疫苗产量增加到 30 亿剂。但如果大幅提高产能，我们就需要引进更多这种新设备，而辉瑞的工厂并没有足够的空间来容纳这些设备。这也是我们面临的挑战。

“我必须建造新的疫苗生产基地，”迈克说，“你知道的，建造厂房需要好几年的时间。”

他料到了我的问题，于是还没等我开口问“你打算怎么办”，便说:“但我们有一个解决方案。”

然后他向我们展示了一张幻灯片，上面显示的是一条建在帐篷下的简易汽车装配线。这是特斯拉生产基地的照片。“当埃隆·马斯克向全世界宣布他要在一年内建造一家特斯拉汽车制造工厂时，没有人相信他。但他找到了一种办法，将设备放在了非常简易的厂房里。”迈克说。

这个开场，让我大为叹服。

迈克说："当然，我们要生产的是无菌制剂，当然不能在帐篷里生产。但我们可以借鉴特斯拉的思路。我们可以订购预制厂房组件，用几个月的时间就可在卡拉马祖制造工厂完成拼装，而无须花费几年。得克萨斯州有一家预制组件制造商。我们可以把具体要求发给对方，让他们来生产，然后用特制大型卡车将组件运到密歇根。厂房组件必须在晚上运输，我们需要几个州的警察配合行动，但这都不是问题。这样一来，搭建厂房无须几年，只要几个月就能完成。"

迈克继续介绍关于厂房预制组件的制造、运输和组装的技术细节。我听着他的介绍，对他的骄傲之情油然而生。我和弗兰克·达梅利奥之所以任命迈克为公司生产部门的负责人，是因为我们在他身上看到了杰出的潜能。放开了手脚的他，终于蜕变成了我们期望的领导者。

2021 年初，我们公开承诺将在年底前生产 25 亿剂疫苗。成功实现目标，生产团队既惊讶又无比自豪。如果说我在辉瑞任职的 28 年中学到了什么，那就是管理人员往往会低估自己的能力，而其下属对自身能力的低估往往更加严重。我们必须挑战自己。我们的潜能超越了自己认为的极限。通过自我驱动，我们可以实现超乎想象的成就。

制造完成的疫苗，是一款像雪花一样脆弱的成品。现在，我们必须通过船只、卡车和飞机，小心翼翼地把这“雪花”运送到世界各地。

“温度可控保温箱”，破解零下 70 摄氏度的运输难题

在早期阶段，为了确保产品没有问题，我夜不能寐，而配送工作也让我无时无刻不感到芒刺在背。辉瑞 mRNA 疫苗的存储和运输必须在极低温度下进行，具体来说就是零下 70 摄氏度。如果是在夜晚的月球上，这或许不是问题，但在地球上，这便成了一个挑战。在这种温度下大规模运输疫苗，是前所未有的创举。因为当时根本没有现成的配套基础设施。若把疫苗比作一枚火箭，大家可以想象一下空有火箭但无处发射的窘境。然而，辉瑞的全球供应链团队想出了一个绝妙的解决方案。

在以“冷若冰霜”而闻名的詹姆斯·吉恩（James Jean）的带领下，辉瑞的工程师团队设计了一种温度可控的保温运输箱，这种运输箱可将疫苗运输至全世界任何地方。在新冠病毒感染出现之前，我们一直在试行这一构

想，但遇到疫情来袭时，我们跳过了测试阶段，直接进行全面实施。这款运输箱的大小与行李箱不相上下，重量约34千克，里面最少可容纳1个疫苗托盘，最多则可容纳5个疫苗托盘。每个托盘可容纳95个药瓶，每瓶含6剂疫苗。也就是说，一个运输箱最多可容纳5 850剂疫苗。

研究人员采集了3个读数：位置、温度和光线。运输箱内置的GPS可实时获悉箱子的位置，温度计则跟踪温度的波动。如果运输箱被打开或损坏，光传感器便会将这个安全漏洞通知相关人员。监控所有这些数据的装置，好比一个附带世界地图的计算机仪表盘。

在任何时间点，辉瑞都有3 000多只运输箱在水、陆、空运输途中，或者已经存放在医疗机构中。辉瑞的全球供应链团队可以在系统中点击任何一只运输箱的记录，查看它的当前温度和位置，以及它的重要事件和任何异常记录。例如，算法能够追踪运输箱是否准时到达了机场。运送这些箱子的卡车或许由于天气或事故偏离了原定路线。如果有人打开了箱子，工作人员便能获取这些信息。另外，工作人员可以看到某个运输箱旁边箱子的数据，注意到同一运载设施上的运输箱是否存在任何差异。运输箱采用的设计帮助我们摆脱了对运输公司的严重依赖。联邦快递（FedEx）、联合包裹（UPS）和联合航空（United Airlines）虽然也能收到相同的提醒和通知，但辉瑞从不依靠任何一家运输公司。除此之外，辉瑞还有一支全球安全行动团队，可通报运输中可能出现或实际存在的威胁，包括天气、政治或社会动荡。在早期测试系统阶段，我们会保持一条沟通线路的畅通，方便物流专家沟通和协作。如果在运送途中出现问题，相关人员就可以停止配送，并在必要时替换为新品后再重新配送。

这个体系设计巧妙，使得疫苗的配送准确率达到了99.9%。我们暂且将之前的时期称为“前冰河时期”，在那时，这种体系是前所未有的。而今，这些运输箱甚至可以在某些地方用作超低温储存单元，这在以前是难以想象的。过去的疫苗运输箱可以收集数据，但我们必须在旅程结束后将数据下载下来，然后从后往前查看这些数据。而现在，相关人员可以实时查看关键数据，以便及时反应、实施更正，从而保障交付。

随着研究人员对全新 mRNA 技术的进一步探索，辉瑞在物流方面突破的重要意义在未来越发明显。

所有的疫苗，都面临着“最后一公里”的问题。我们可以通过飞机、火车、船只和汽车将疫苗运送到数千千米以外的某地，但在即将到达城市中心或偏远社区的最后一公里路程中，我们仍需随时保持低于冰点的冷链运输，因此不得不面对一系列复杂的问题。发明治疗药物或疫苗只是迈出了第一步，但之后还有很长的路要走。医药行业一直面临着这一挑战，正因如此，一些公司和慈善机构才会对移动冰箱进行投资。他们这样做就是为了“冷酷到底”。

接下来发生的事情，我将永远铭记在心。那是在第一批疫苗装运前的几天里，一个因封锁而死气沉沉的世界，突然对运输、储存、配送和使用等物流知识燃起了热情。就像世界大战期间的业余战争迷一样，民众开始钻研全国和地方报纸上刊登的“部队动向”精密流程图。带有箭头、图表和日期的美国地图，显示了疫苗的运输路径，从辉瑞的中西部生产配送地出发，一直到州立和地方诊所或医院。同样，欧洲民众也密切关注着辉瑞位于比利时皮尔斯工厂的发货动向。这些运输路线有的以威斯康星州的普莱曾特普雷里（Pleasant Prairie）为起点，其他则以辉瑞在密歇根州卡拉马祖附近的波蒂奇的工厂为起点。第一批 290 万支疫苗，就从这里的冷冻农场发往 600 多个地点。在密歇根的生产基地，我们搭建了一个比足球场还大的冷冻农场，能够储存 1 亿剂疫苗。除了在皮尔斯和另外两个地点的冷冻农场之外，瑞辉全球的储存容量达到了 4 亿剂。辉瑞的员工报告称，他们经常会被邻居们“堵截”，因为邻居们总会从房子里迎出来，对他们道谢或表达问候。

在伦敦以北、英国中部的英国考文垂大学医院，第一批患者接种了辉瑞和德国生物新技术公司联合研制的新冠疫苗。继玛格丽特·基南女士之后，第二位接种疫苗的不是别人，正是住在重症监护病房、81 岁高龄的威廉·莎士比亚（William Shakespeare）。为这位悲剧巨匠的同名者最先注入希望，简直再合适不过了。就在几个小时之前，英国政府不仅批准了这款疫苗，也为每一批疫苗开了绿灯，而辉瑞的工人则翘首期盼着把箱子装上等在一旁的卡车。卡车司机已经达到了工时上限，换岗的司机则来到现场待命。

此时距辉瑞开始研制疫苗，已经过去了 269 天。

2020 年 12 月 12 日星期六上午，《纽约时报》发布的报道一语中的：“这次的授权开启了辉瑞、私营运输公司、州及地方卫生官员、军队、医院和连锁药店之间复杂精密的协作，以便尽快在第一个星期内为医护人员和养老院居民接种约 300 万剂疫苗，同时保证疫苗在超低温度下运输。"《纽约时报》的商业版则赫然写着"空中救援目标：数十亿剂疫苗"（An Air Rescue's Goal：Billions of Doses）。

12 月 13 日星期日早上，几辆卡车驶入位于密歇根的工厂的货运码头，将救人性命的疫苗运走。疫情的肆虐使我们无法全体聚集在战情室内见证这历史性的时刻。大家分散在各处，有的在起居室，有的在餐桌旁。和所有人一样，我也通过电视和辉瑞自己的渠道跟踪事态的发展。

得到疫苗安全有效的消息，我激动万分。这是我职业生涯中最美好的一天。看着疫苗被送至世界某个地方的诊所或医院，并最终到达某家医疗机构或被注入人们的手臂，这让我产生了一种"圆满"的感觉。看着卡车驶走，我满心欢喜。那种兴奋，与跨栏和马拉松运动员在冲过终点线时的感觉一样。

9 个月前，美国首例疑似新冠病毒感染死亡病例出现在西雅图。同一个星期，同样是在西雅图，疲惫不堪的医护人员在崩溃的边缘挣扎。他们夜以继日地工作，有的人是被临时调来的。医院床位要么已达饱和，要么接近饱和。西雅图当地报纸的头条新闻援引了托尼·福奇博士的一句话：“救兵来了。”不久之后，一张令人心碎的照片横跨报纸的头版，照片上，一名医生在接种疫苗后低头痛哭。

将疫苗从实验室转入生产工厂、再注入世界各地接种者的体内，这个过程堪比一场接力赛。我们把接力棒交给了当地的医院、诊所和药房，由他们肩负起分发管理疫苗的重任。大家携手合作，将疫苗注射到接种者的手臂之中。以西维斯公司（CVS）为例，截至 2021 年 4 月，美国当地的零售药店已在 2 100 个网点为 1 000 万名患者接种了疫苗。西维斯公司在疫情肆虐初期尽早建立了试验场地，从而为疫苗接种做好了准备。他们雇用了护士和技术人员，以确保人员充足。得益于西维斯公司的数字化和人性化服务，94% 的接种者都在预约日期接种了第二剂疫苗。对于不便到场的接种者，西维斯已经与拼车公司来福车（Lyft）达成协议，将接种者送至接种点。在全球疫情肆虐之际，我们个人的安全与最亲密的邻居的安全息息相关。

如何让疫苗抽取量从每瓶 5 剂提升到 6 剂

我们很早就认识到的一个挑战是，如何减少浪费和增加每瓶疫苗所含的剂量。

首次提交监管申请的时候，我们知道，疫苗稀释后，每瓶大约有 2.25 毫升。每一剂疫苗需要 0.3 毫升，也就是说，每个药瓶中至少有 6 剂疫苗。挑战在于，我们不能保证接种人员每次都能用光所有剂量。注射之后，仍有少量疫苗未被使用，这部分疫苗通常存于针头和针尖之间的空间，这部空间被称作“死体积”。市面上有很多不同类型和品牌的注射器，每一种的死体积都有所不同。通常，这个问题可以通过超量填充来一并解决。但就全球疫情期间的新冠疫苗而言，每一滴疫苗都可能挽救更多生命。准确来说，每剂疫苗是 0.3 毫升，所以只要每瓶多出 1 毫升，就有可能多挽救一个生命。一滴也不能浪费。

在“光速计划”项目例会上，我们对这个问题进行了深入探讨。我们一直在为实现产能递增而努力，因此，如此巨大的浪费显然是有问题的。第一个提出这个问题的人就是乌尔·萨欣。他发现辉瑞生产的疫苗的药瓶填充得太满，根据他的计算，造成的浪费量达到了 40%。

“阿尔伯特，我们必须想办法解决这个问题。”乌尔对我说。

我把这个问题告知了团队，然后我们开始探索解决方案。我们最终想出了一个方案：测试各种不同的注射器和针头组合，并确定每种组合可以抽取的疫苗剂量。但在提交申请时，我们还没有确定可以从每瓶中安全抽取的最大剂量，因此，申请中标注的每瓶剂量为 5 剂。

在全球各地提交申请后，辉瑞生产的疫苗在世界许多国家获批的规格为每瓶 5 剂，但与此同时，研究人员仍然继续努力采集证据，证明每瓶能够容纳更多剂量。他们仿佛把全球所有的注射器和针头都测试了一遍。2020 年 12 月和 2021 年 1 月，辉瑞的国别经理和当地制造商取得联系，创建了一个清单。然后，研究人员便对清单上的所有注射器和针头进行了测试，希望寻找可以持续抽取和注射 6 剂疫苗的注射器和针头组合。我们找到了一大批可以达到这种效果的组合，还进一步发现，若将死体积较低的注射器和针头搭配得恰到好处，便有可能减少浪费，最多可从每个药瓶中安全地多抽取 20% 的疫苗。然而，还有一个更大的障碍需要克服。原来，现有的注射器和针头组合根本无法满足全球的需求。也就是说，我们也必须开发出这条供应链才行。于是，这便形成了一个并行的全新工作流。我们调动了另一支团队，负责完成这个任务。刚开始时，我们需要 10 亿组注射器和针头。好在辉瑞的供应商非常愿意伸出援手。

辉瑞与一家医疗科技制造公司分享了这个生产计划。他们二话不说，启动设施，加大力度进行生产。有的制造公司希望在经济上得到保障，确保自己生产的大量注射器和针头真的能被当地的供应商购买。我们让这些制造公司放心大胆地把产量提到最高，所有卖不出去的注射器和针头，都会由辉瑞收购。

这一招很有效。这些制造商都立即开足马力，而这种针头和注射器也逐渐涌入市场。在此之后，我们还必须向监管机构提交数据变更申请并获得批准。支持每瓶 6 剂的数据一经得出，我们便马上提交给世界各地的监管机构。以色列于 2021 年 1 月 3 日率先批准了 6 剂标签的使用，其他监管机构也在不久后相继批准了我们的申请，其中不乏全球几家最著名的监管机构，如 FDA、欧洲药品管理局、英国药品与保健品管理局、瑞士药品监督管理局以及世界卫生组织。下一步，我们要对注射疫苗的人员重新进行培训，将每瓶疫苗的抽取量从 5 剂提升到 6 剂，从而让所有人适应新流程。

随着经验的积累，现在一些国家的每瓶抽取量已经高达 7 剂，使得整体平均剂量提高至每瓶近 6.6 剂。

结果很快出来了：我是阴性

我虽然知道辉瑞的同事会为我们共同取得的成就而倍感自豪，但没能完全意识到这种自豪感有多强烈。迈克·麦克德莫特的 5 个女儿为他制作了一张色彩明快、喜气洋洋的海报，上面写着“谢谢你们”，并附上了他所在部门的标签 #PGSProud（为辉瑞全球供应而自豪）。有一个团队开了一家公司网店，出售辉瑞的 T 恤等商品。这些商品上面附有公司的标识和 Science Will Win 的标语，传达出辉瑞人对科学的坚定信念。大批员工涌至网店为家人购买商品，导致网站一度瘫痪。辉瑞的首席人力资源官帕亚尔·萨妮·比彻（Payal Sahni Becher）告诉我，就算有员工把辉瑞文在身上，她也不会惊讶。我虽然不属于文身派，但不得不承认，有那么一瞬间我还真的产生了这样的念头。

回想起来，在获悉疫苗的有效性并加大生产力度前的最后几天，我自己也经受过一次惊吓。12 月初，我接触的两个人后来被检测出感染了新冠病毒。他们曾去过急诊室，但没有入院。12 月 11 日傍晚左右，我们得知那两个人感染了新冠病毒的消息。那天晚上，我们预计会收到 FDA 的疫苗紧急使用授权审查结果。这可真是不赶巧：在这个意义重大的晚上，我却偏偏得知自己跟感染了新冠病毒的人有过直接接触。我的团队立即进入了危机模式，大家迅速行动，想办法对我进行测试。三天后，我要在辉瑞的珀尔里弗研究实验室接受《60 分钟》(*60 Minutes*)的实地采访，我要确保不能因为疏忽而让任何人承担感染病毒的风险。

我跟约兰达和帕亚尔讨论了可能的选择。我可以去找我的私人医生，但当时是星期五下午的 4 点半，我知道他绝不可能有空。我们还讨论了能不能去当地的检测中心，但团队完全无法接受这个选择。当时，当地检测中心的无预约队伍长达几个街区。身为辉瑞的首席执行官，适逢预期接到 FDA 通知的当晚，如果我排队等待检测的画面被人拍了下来，绝不会有什么好结果。幸好，我们想出了一个替代方案，完成了检测。结果很快就出来了，是阴性。我没有感染新冠病毒。

我们不会为总统做太多准备

2021年2月中旬，我有机会通过一种具有历史意义的方式，对研究、制造和一线员工取得的成就进行庆祝。那是2021年隆冬，我接到白宫的一个绝密电话，征询拜登总统是否可以在我的陪同下参观辉瑞的卡拉马祖生产工厂。此时，拜登总统上任不足一个月。说是卡拉马祖，这家工厂实际上位于密歇根州的波蒂奇。特勤局让我保密，但我要求给迈克·麦克德莫特打电话。特勤局同意了我的要求。

“迈克，拜登总统下星期想参观我们在卡拉马祖的工厂，这事儿我们谁也不能说。该怎么准备呢？”我问。

“我会告诉大家你要来参观，让大家开始准备。不管特勤局怎么说，我们不会为总统做太多的准备。”

这话听起来有些奇怪。还记得那次提出参观被拒时，我不由得在心里感叹了：“天呐！只是参观一下辉瑞的生产工厂，真的会造成那么大的麻烦吗？”在疫情大流行之初，迈克曾说我不是“必要人员”，拒绝让我参观安多弗的生产工厂，个中原因，我现在终于明白了。

这次访问原定于2021年2月18日星期四，但美国中西部的一场暴风雪，有可能推迟总统的行程。我已经做好了白等一场的准备，而白宫却再次打来电话，征询能否接受总统在第二天，也就是星期五到访。我们毫不犹豫地答应了。

随着车队的到达，我看到了拜登总统的身影，他的身后紧跟着手持“核足球”[①] 的军官。总统向辉瑞的每一个人表示祝贺，然后，我们一起参观一台台机器。工人们在机器旁迎接我们的到来，并向我们解释机器的功能和技术原理。看到总统毫不费力地融入其中，这感觉非常奇妙。他认真聆听着大家讲述自己的经历和工作，显得游刃有余。面向工人和全国媒体发表演讲的时间快到了，他把我拉到一边，双手搭在我的肩膀上，看着我的双眼说：“我听说，你的父母是大屠杀的幸存者。”我能感觉到总统的工作人员越来越着急，急着让我们上台发言，他却熟视无睹。总统对我娓娓道来，说他认识的几个家庭至今仍然背负着这些伤痛。在那一刻，世界变得岑寂下来，我能感觉到眼中的泪水，也能感受到他搭在我双肩上的双手的重量。

① 特殊通信工具，外表为黑色手提皮包，内藏的武器可使美国总统在远离白宫等指挥中心的情况下授权发动核攻击。——译者注

MOONSHOT

08

平等，谈何容易

The way to gain a good
reputation is to endeavor
to be what you desire to appear.

若想成就好名声，
就要努力成为
你想成为的样子。

苏格拉底

古希腊哲学家

（公元前470—前399年）　　Socrates, 470–399 BC

启动新冠疫苗项目时，我曾明确表示，完全不要将投资回报作为考虑因素。时间已经来到了2020年5月，我们还从未讨论过疫苗的定价，也没有计算过收入来源的问题。然而，几个国家的政府已经开始探讨采购事宜，也都想要我们提供报价。

是时候做出决定了。

在为药品定价时，定价团队会以这些药品给患者、医疗保健系统和社会带来的价值为基础来考虑。不同于一些人的认知，好的药物其实会削减而不是增加医疗保健系统的成本。我们试着把具体的经济价值计算出来。例如，如果有100个人服用一种心脏病药，结果减少了5次心脏病发作的机会，我们便会计算这5次心脏病发作给医疗保健系统增加的成本（包括使用救护车、住院、检查费用、医生诊疗、护理人员护理、患者缺勤损失等），并将这个成本与100个人的药物成本进行比较。当然，这种经济价值之中还包含着许多微妙的元素。为能够避免人类痛苦的事物明码标价，谈何容易？在我看来，这其中的价值是无法估量的。

一顿饭的价格

我让辉瑞的定价团队计算出全球新冠病毒感染危机带来的正常经济损失，他们得出了一组惊人的数字。在有效性为65%的情况下，仅“住院”一项节约的费用就可以达到数千亿美元。即便将疫苗的价格定为每剂600美元，医疗保健系统的支出仍会低于节约的成本，这还不包括挽救生命的价值。我意识到，从财务方面看，这对辉瑞来说可能是一个巨大的机遇，但我也明白，在全球疫情肆虐期间，我们不能使用标准的价值计算方法来定价。我提出换一种方法来定价。我让团队将麻疹、带状疱疹、肺炎等疾病的最高端疫苗的价格报给我。在美国，这些疫苗的价格为每剂150～200美元。在我看来，向既有疫苗价格的低端靠拢，是比较合理的做法。我让团队以此作为标准价格，并为大宗购买者提供折扣优惠。英国、美国政府以及欧盟已主动找到我们商谈采购事宜。我们也已经开始与他们进行初步讨论。

不久之后，这些讨论仍在进行中时，我越发感觉不自在。我想，我们可能错失了一种比公平公正的经济回报更有价值的东西。我们可以抓住眼前的机会，挽回过去20年来饱受抨击的行业声誉。在美国，制药行业的声誉在所有行业中排在倒数第二位。我再次提出要求，让定价团队提供当前最低的疫苗价格。在美国，流感疫苗的价格高达70美元，但有效性只有约50%，这种疫苗低端产品的价格为20～30美元。

“我们要改变路线，”我告诉定价团队，“在高收入国家，应以流感疫苗低端产品的价格作为定价起点。我们依然可以为大宗购买者提供折扣优惠。”

“但这是一顿便饭的价格，可不是尖端疫苗的价格啊！”定价团队的一个成员回答。

“一顿便饭的价格”，我非常喜欢这种表达。在此之后，当记者向我提出定价问题时，我经常会用这种表达来回答。我对那位同事说："我喜欢这种说法。你说不定能在市场营销领域大有作为。"

三阶定价，确保将疫苗公平地提供给每一个人

我们找到美国和欧洲的谈判代表，大幅降低了疫苗的价格。他们又惊又喜。然而，我们必须确保以一种公平的方式将疫苗提供给世界各地的每一个人。

公平并不意味着给予所有人相同的东西，而意味着给予那些有更多需要的人更多东西。因此，为所有人制定统一的价格并不合理，于是定价团队决定采用三阶定价方案。在分析过程中，我们采用了世界银行的经济体分类法。世界银行通过图谱法，将当地货币转换为以美元计的人均国民总收入数据，从而将全球国家分为 4 类：高收入国家、中等偏上收入国家、中等偏低收入国家和低收入国家。我们决定，针对高收入较富裕国家的疫苗价格为"一顿便饭的价格"。针对中等偏上收入国家的疫苗价格大约是这个数字的一半。中等偏低收入和低收入国家则能以非营利性价格（即成本价）购买疫苗。唯一的要求是，这些

国家要向本国公民免费提供疫苗。

我表示："在全球疫情中，每个人的安全，与最亲密的邻居的安全息息相关。因此，我们不能让价格成为任何人的负担，这一点至关重要。不仅因为这是正确的选择，也因为不这样做会造成一种威胁，不仅危害这些国家，还会殃及其他所有国家。"

定价团队对我们这种清晰且充分考虑平等性的定价方案非常认同。第二天，他们便准备好定价指南，发送给辉瑞分布在多个国家的业务部门，让他们与当地政府取得联系，建议对方按照这些条件提前下好预购订单。

这项工作是时任辉瑞生物制药集团总裁黄玮明领导世界各地的优秀团队完成的。黄玮明在辉瑞长期任职，是一位充满活力的领导者。她是亚裔，童年是在种族隔离时期的南非度过的。这样的经历塑造了她的世界观，她深知平等的重要性。

黄玮明与团队着手与每个为国民订购疫苗的国家签署协议，并根据实际情况确定价格。与此同时，他们也帮助该国的一线人员做好准备工作。辉瑞在一线人员培训方面投入的努力是巨大的。仅在美国，该团队就与各州和“曲速行动”合作，培训 4 万人对疫苗进行注射和管理。一个国家一旦获取了疫苗，就必须懂得如何进行储存和稀释，以及如何监测疫苗在注射后产生的副作用。

2021 年最先下单订购辉瑞生产的疫苗的国家，大多是高收入国家。欧洲国家、美国、日本和英国在内的许多国家，都将赌注押在了这款疫苗上。遗憾的是，以中低收入国家为主的许多其他国家却决定全部采用其他公司生产的疫苗，要么是因为 mRNA 技术当时还未经过测试，要么是因为其他公司承诺在当地进行生产。我们在这些国家的业务团队百般游说，但还是没能改变其领导人的想法。看着 Excel 表格中高收入国家与低收入国家在疫苗购买方面的失衡程度，我感觉十分担忧。我亲自上阵，想要说服一些未下订单的中低收入国家改变主意。我给这些国家的领导人写信，当地的团队也进行了跟进，但这些努力大多徒劳无功。2020 年 10 月，辉瑞即将率先将疫苗迅速提供给接种者的大局已定，又有几个国家加入了订购的队伍。但即便如此，名单上的中低收入国家数量仍少得可怜。

额外需求，就算总统女婿打电话也不行

疫苗被证实有效后，情况立即出现了改观。首先，已经订购了 1 亿剂疫苗的美国政府找到我们，要求再追加 1 亿剂。几个月前，由于存货即将售罄，我们曾建议“曲速行动”再订购 1 亿剂疫苗，但遭到了他们的拒绝。我亲自打电话给“曲速行动”的领导层，告诉他们欧洲已经订购了 2 亿剂疫苗，慎重起见，他们也应该这么做。记得我说过，如果美国政府仅仅因为没有下订单而无法从一家美国企业获得疫苗，那美国政府会很没面子。我还强调，辉瑞意在严格按照下单顺序供货，我们言出必行。也就是说，如果“曲速行动”事后改变主意，我们也不会挪用那些已下单国家的供货。话已至此，“曲速行动”再次拒绝。但现在，他们想要额外追加 1 亿剂，而且是马上要。问题在于，前 6 个月完成供货后，我们就已经没有库存了。在 6 月之前，我们很难提供额外的疫苗，但可以赶在后半年交货。然而由于其他原因，讨论被搁置了一段时间。就在这个节骨眼儿上，特朗普总统的女婿兼顾问贾里德·库什纳（Jared Kushner）打电话给我，希望我能解决这个问题。

我们本以为，向美国额外提供 1 亿剂疫苗是很简单的事情。利用现有的合同就可以完成额外购买，但没想到官

僚主义会从中作梗。由于疫苗现已获得批准，美国政府不能或不想使用原合同，也就是用来购买处于候选审批阶段的疫苗的合同。我无意重新协商合同条款。原合同的谈判过程花费了几个星期时间，我觉得这个过程就像一个我不愿打开的潘多拉魔盒。与此同时，批判特朗普政府订购疫苗数量不足的声音越来越多。库什纳打电话就是想弄清楚事情的原委。我解释了情况，提出可以重新开始协商合同条款。

库什纳表示，他认为官僚机构的做法不可理喻，并承诺会给有决策权的人打电话。

库什纳的介入帮助我们达成了一个解决方案。我们在几天时间通了几次电话，双方律师就解决方案达成了共识。然而，交货时间的问题仍没有解决。对于美国政府追加购买的 1 亿剂疫苗，库什纳提出的交付计划非常苛刻。他希望在 2021 年第二季度拿到所有疫苗。想要做到这一点，我们就不得不挪用加拿大、日本和拉丁美洲国家的供货，而这些国家都比美国政府更早下单，为的就是在第二季度拿到疫苗。我拒绝了库什纳的要求，争论变得激烈起来。我提醒库什纳，我已经非常明确地告知蒙塞夫·斯拉维，辉瑞不会挪用其他国家的疫苗供货优先供美国使用，在第一份合同中，我几乎是在请求“曲速行动”增加订购量，但一再遭到拒绝。然而，库什纳却坚决不让步。在他看来，美国无论如何都要排在首位。但在我看来，我们应将平等排在首位。他坚持认为，辉瑞应该将卡拉马祖工厂生产的疫苗拿出 1 亿剂优先供美国民众使用。他提醒我，他代表政府，可以“采取措施”来达到目的。

“那就请便吧，库什纳，”我回答，“等到东京奥运会被取消的那天，我更希望日本首相向你抱怨，而不是找我诉苦。”

值得庆幸的是，辉瑞的生产团队又一次创造了奇迹。他们拿出了一份改进后的生产进度表，这样一来，我们就可以在不影响其他国家供货的前提下，于 4 月至 7 月完成美国政府追加的疫苗订单，同时保障其他国家的疫苗供应。这是一个很好的折中方法，最终，双方签订了合约。两天后，库什纳从海湖庄园（Mar-a-Lago）给我打来电话，感谢我的配合，也让这次谈话有了一个愉快的结尾。

一个月后，同样的情况在欧盟上演。欧盟委员会迫于成员国的巨大压力，要求对欧洲本土生产的疫苗实施出口禁令。阿斯利康的疫苗供货出了问题，给押下重注的欧洲领导人出了一个难题。

欧洲人开始实施出口管控，只要辉瑞向欧盟以外的地区出口疫苗，无论数量多少，都必须提交大量信息。虽然这不是出口禁令，却对辉瑞的比利时生产工厂造成了重大的行政负担。抱怨声四起。“老板，想想办法吧。这些人既要想方设法把疫苗发往世界各国，还要额外准备这些文书。他们已经被折磨得心力交瘁，而我们又不能临时培训其他人来做这项工作。”

我给欧盟委员会主席乌尔苏拉·冯·德莱恩（Ursula von der Leyen）打去电话，请她放宽要求。我的理由是，只要按时完成交付计划，我们就不应该受到限制。冯·德莱恩坚持实施出口管控，她指出，辉瑞在欧洲工厂生产的产品有一半“可经允许”出口到欧盟以外，而在美国制造的产品却没有一件出口。我知道她是对的，也承认了这一点。辉瑞与美国政府签订的合约中包含了《美国国防生产法》（*Defense Production Act*）的内容，规定如果出口在美国生产的疫苗，辉瑞不仅要面临民事起诉，还要承担刑事起诉的风险。因此，虽然美国政府本身没有禁止疫苗出口，但根据《美国国防生产法》的严格指导方针，出口疫苗会为辉瑞带来严重的后果。我问冯·德莱恩主席是否清楚这些细节，并请求她至少减少辉瑞的员工向每个国家发货时必须提交的材料数量。她答应会深入调查。我知道她言出必行，因为她一向信守承诺。

通过疫情期间的沟通，我对冯·德莱恩主席有了深入了解。2021 年 1 月 5 日，我们就疫苗供货量分配问题第一次通了电话。她是一位了不起的女性，出生于布鲁塞尔，成长于一个致力于公共服务的家庭，后来在德国前总理安格拉·默克尔（Angela Merkel）的内阁任职，也曾担任德国国防部长。在接下来的几个月里，我与她通过短信和电话探讨疫苗、变种病毒和生产事宜，建立了密切的关系。她对所有这些话题都很了解，也从不放过任何一个催促我们尽快供货的机会。她总有办法得到自己想要的效果，真令人佩服。

在新冠病毒感染疫情暴发之初，世界卫生组织及其合作伙伴启动了“获取新冠工具加速计划”（Access to COVID-19 Tools Acceleration），简称“ACT 加速计划”。这不是一项合作项目，而是一个跨领域合作的平台。该计划有四大支柱活动，其中之一是通过一个叫作“2019 冠状病毒疫苗实施计划”（COVAX）的机制对疫苗进行采购和公平分配。该计划的目标是加快疫苗的开发、生产及提高获得疫苗的公平性。该计划由多个全球卫生组织共同推进，包括世界卫生组织、流行病防范创新联盟（Coalition for Epidemic Preparedness Innovations）、全球疫苗免疫联盟（The Global Alliance for Vaccines and Immunisation，GAVI），以及作为交付合作伙伴的联合国儿童基金会。该计划致力于为所有国家提供平等获得新冠疫苗的机会，而不受其收入水平高低的影响。除此之外，“全球疫苗免疫联盟新冠病毒感染疫苗预先市场采购承诺”（Gavi COVAX Advance Market Commitment ）这一为 92 个中低收入经济体提供支持的融资工具，也力求确保发展中国家与其他国家拥有获得疫苗的平等机会。

不是确保某些人或大多数人的健康，而是确保所有人的健康

一直以来，公共部门和创新制药公司之间的关系都很紧张。其中，世界卫生组织与制药公司的关系尤其充满火药味，而世界卫生组织在与制药公司合作方面的相关规定也尤为严苛。2017 年，谭德塞当选世界卫生组织总干事，任期 5 年。作为第一位非洲裔总干事，他让世界卫生组织对政府与社会资本合作有了全新的愿景和理解。谭德塞博

士出生于厄立特里亚，曾担任埃塞俄比亚卫生部长，推动了该国医疗系统的全面改革，力图实现全民医疗，并向包括居住在最偏远地区的所有民众提供医疗服务。

作为世界卫生组织总干事，谭德塞宣称："我们的愿景不仅仅是确保某些人的健康，也不是确保大多数人的健康，而是确保所有人的健康：无论贫富、健全或残疾、年老或年轻、城里人或农民、公民或难民。世界各地的每一个人，都要包括在内。"

听到这番话时，我即将升任首席执行官。我当时心想：这正是我对辉瑞的愿景，他的这席话，完美地表达了我的心声。

团队提醒我，过去与世界卫生组织的合作举步维艰，但我认为谭德塞博士的使命和辉瑞的价值观非常契合。2020 年 8 月，在全球被疫情笼罩之时，计划赴欧洲出差的日子在即，我让团队发出与他见面的邀请。团队告诉我，谭德塞不太可能接受一家生物制药公司首席执行官的邀约，而是更习惯通过行业协会沟通。这个消息让我大失所望。这无疑浪费了一次携手为世界做出贡献的大好机会。我们怎么能让偏见或先入之见成为沟通的阻碍呢？没想到，12 月 13 日星期日早上，我突然收到了一条短信：

> 亲爱的阿尔伯特，希望一切安好。我是世界卫生组织的谭德塞。如果能占用您几分钟时间探讨新冠病毒感染事宜，我将不胜感激。请告知我您何时有空，我会安排会面。谭德塞敬上。

收到这条短信，我又惊又喜，于是立即回复。第二天，我们便会面交谈。一见面，我就告诉他我很高兴他能主动联系我，世界卫生组织的作用至关重要，当特朗普总统宣布美国退出世界卫生组织时，我非常失望。我告诉他，我期待与他合作，共同寻找解决方案，确保在获得疫苗和治疗机会面前人人平等。

会面进行得很顺利。我能感受到，谭德塞是在真正致力于保障弱势群体的利益。我与他一见如故，相谈甚欢，情不自禁地对他说：“我早在 4 个月前出访日内瓦时就想与你见面，却被告知你不愿与制药公司的首席执行官会面，这让我非常失望。”“怎么会？”他回应道，“我的办公室向所有想见我的人敞开。”我相信他说的话，是我们的先入之见阻止了 8 月的那次会面。

这一次的交流，为日后的高效合作和友好关系奠定了基础。我们俩通过社交软件保持联系，双方员工也沟通甚密。在他的团队的支持下，我们与 COVAX 达成了协议。从辉瑞成为第一家推出新冠疫苗的公司那时起，我们就希望地球上所有人都能获得疫苗，现在通过与 COVAX 的深度合作，这一心愿终于结出果实。然而，这一过程也并非一帆风顺。

我告诉 COVAX 的领导层，辉瑞正在以成本价向低收入国家提供疫苗，但 COVAX 关注的是高收入国家和中等收入国家的疫苗价格。据我所知，他们的分配方式并没有优先考虑欠发达国家。他们似乎想要建立一个全球疫苗中心，并将世界卫生组织摆在这个中心的重点位置。然而，这样的设计是不合理的。富裕国家可以直接与疫苗生产商谈判，对于他们而言，这是事关国家安全的大事。但贫穷国家要想获得疫苗，则需要 COVAX 的介入。而该计划的理念，并没有考虑全球疫情的实际情况。在我看来，该组织将侧重点放在所有国家，却没有理解“平等”并不意味着对所有国家采取同样的做法，而是为那些更需帮助的国家提供更多帮助。真正需要他们支持的，是那些收入最低的国家。

2021年1月，辉瑞、德国生物新技术公司与COVAX签署了一项提前采购协议。COVAX承诺，在2021年从辉瑞购买至多4 000万剂疫苗。坦白说，我对COVAX只提出购买4 000万剂疫苗感到惊讶，这显然不足以实现他们的宏伟目标。我问道："你们确定吗？这么做，你们怎么实现既定目标？"对方的回答是，COVAX已决定与阿斯利康合作，将其作为战略支柱。阿斯利康利用盖茨基金会提供的资金，与大型疫苗生产商印度血清研究所（Serum Institute of India）建立了一个技术转让计划，然而该计划没能成功。南非放弃了与阿斯利康的合作，因为其疫苗无法抵御南非的病毒变种，且阿斯利康的产能无法保障疫苗的供应。更糟的是，随着病毒在印度肆虐，从2021年5月起，许多国家开始封锁与印度的边境。

2021年春天，全球大多数地区的新冠病毒感染人数出现可喜的下降趋势，而在印度疫情的推动下，南亚却出现了《经济学人》所称的"喜马拉雅地区疫情加重"。4月30日，印度新冠病毒感染的日均新增病例超过40万例，近1/4的人口检测结果呈阳性，死亡人数不断攀升。作为世界上人口最多的国家之一，印度的公共卫生危机会对世界各地造成严重影响。早在2020年8月，我们就向印度监管机构递交了与全球其他各国同样的申请，但我们的疫苗没有在印度获批。印度对其仿制药行业百般保护，使印度以外生产的疫苗难以注册。

我们开始与印度政府对话，探讨能够提供什么帮助，为他们的公立医院提供其他药物。印度的死亡人数不断增加。在辉瑞发布第一季度财报前夕，我给在印度的同事发送了一份备忘录，承诺将向印度捐赠辉瑞生产的药品，这些药品是印度政府确定的新冠病毒感染治疗用药。辉瑞承诺捐赠足够数量的药品，满足未来 90 天内印度每家公立医院的所有新冠病毒感染患者的需求，且全部免费。我在备忘录的结尾表示，辉瑞将与印度和世界各地正在遭受新冠病毒感染影响的每一个人团结一心，并将继续尽最大努力施以援手。

5 月 3 日，我在给印度同事的一封信中写道："辉瑞会努力满足公共卫生需求，并与印度政府合作，为我们的疫苗进入印度开辟一条道路。与此同时，请不要忘记，我们与你们以及你们的亲人同在，我们也会为你们虔诚地祈祷。"

随着疫情的不断恶化，印度政府决定禁止出口任何由印度血清研究所在当地生产的由阿斯利康研制的新冠疫苗。而不幸的是，COVAX 指望的正是这种疫苗。面对这一局面，COVAX 再次找到我们，要求大幅增加疫苗供应量。我们表示同意，但提出了一个条件：辉瑞的所有疫苗，都要提供给 COVAX 已做出“预先市场采购承诺”的国家，即世界上 92 个收入最低的国家和经济体。这又为谈话制造了一个分歧，因为 COVAX 仍然希望为所有成员国服务，而不同意只为贫困国家提供疫苗。他们希望按照他们已达成共识的方案，把辉瑞提供的疫苗发放到不论贫富的所有国家。而这个条件是我们不能接受的。尽管如此，我们仍然继续讨论，双方都希望能将疫苗发放到需求最迫切的地方。

放弃知识产权保护，会危及所有人

与此同时，美国贸易代表戴琪（Katherine Tai）突然宣布，美国将支持世界贸易组织（WTO）依据《与贸易有关的知识产权协议》（*Trade-Related Aspects of Intellectual Property Rights*），对新冠疫苗知识产权豁免的决定。该协议于 1994 年 4 月签署，1995 年 1 月 1 日生效，首次将知识产权保护纳入多边贸易体系。印度和南非曾向 WTO 提出同样的豁免要求，但迄今为止没有得到支持。有趣的是，这两个国家都是世界上最大的仿制药生产国。

在许多人看来，这样的要求相当自私。

在宣布对新冠疫苗知识产权豁免的决定一个星期前，戴琪要求与我通话，讨论新冠疫苗的全球供应问题。我利用这个机会向她解释，在过去几个月里，辉瑞在研制新冠疫苗方面投入了20多亿美元，其中10多亿美元用于基础设施建设。由此，我们预计能在2021年底生产30亿剂新冠疫苗，其中至少10亿剂将用于中低收入国家。我还提醒她，辉瑞有一个分阶定价模式，确保中低收入国家能以成本价获得疫苗。我解释说，**知识产权并不构成生产更多疫苗的障碍，之所以无法以更快的速度生产更多疫苗，原因不在于缺乏足够的生产基础设施，而在于缺乏足够的原材料。放弃知识产权保护只会对供应链造成破坏，会危及所有人。**我还提出，想要增加对较贫穷国家出口的疫苗数量，一种有效的方法就是让美国政府允许辉瑞向拉丁美洲和非洲出口在美国生产的疫苗，由于政府当前不允许我们这样做，我们只能通过辉瑞的欧洲生产基地向这些国家出口疫苗。

我把这个具体的要求重申了几次，但她没有给出回应。整个通话过程中，双方都表现得很有礼貌。结束通话后，我却感觉不太妙。在这场全球疫情中，我与政府官员进行了许多讨论，并非所有的讨论都进行得顺畅愉快。然而，我还是第一次感觉到视频中的人对我提供的信息漠不关心。仿佛她已经拿定了主意，而这次通话只是完成一个待办事项而已。尽管如此，我完全没有料到，她会在一个星期后宣布美国支持印度和南非对新冠疫苗知识产权豁免的提议。

2021 年 5 月 5 日上午，我读到了戴琪代表的声明，她宣布美国将支持《与贸易有关的知识产权协议》中规定的知识产权豁免。这无疑损害了知识产权保护，我简直要气炸了。在美国政府阻止辉瑞向其他国家出口新冠疫苗的同时，他们的贸易代表却在支持一项将直接损害美国公司知识产权的提案，这真是让我大为光火。

美国贸易代表存在的意义就是保护美国各个行业的利益。而我却觉得政府把我们推进了火坑。我甚至给白宫的一位熟人发了短信，表示我觉得自己遭到了“背叛”。两天后，我给辉瑞的同事们发了一封信，解释全球供应的问题。通过这封信，我尽量不加粉饰地为大家呈现事情的原貌。

亲爱的同事们：

美国贸易代表最近宣布，将要探讨豁免部分新冠疫苗知识产权的问题，此举为全球制造了一些混乱。在确保我们的新冠疫苗得到公平合理的分配这个问题上，辉瑞所做的努力是否充足？拟议的豁免到底是会解决问题，还是会制造更多麻烦？今天给大家写信，就是为了讨论这两项事宜。

从“光速计划”项目启动第一天起，我们就将公平合理地分配疫苗奉为我们的座右铭。为了确保所有国家都能获得辉瑞生产的新冠疫苗，以下两个条件必须满足：一是疫苗的价格人人都能负担得起；二是有生产足够数量的疫苗的可靠产能。

第一个条件在早前就已实现。早在2020年6月，我们就决定通过分阶定价的方式提供疫苗。较为富裕的国家为每剂疫苗支付的费用相当于一顿便饭的价格，并免费提供给国民。中等收入国家为每剂疫苗支付的费用大约是上述价格的一半。对于低收入国家，我们将按成本价为他们提供疫苗。许多赤贫人群则可通过捐赠渠道获得疫苗。公平并不意味着给予所有人相同的东西，而意味着给予那些有更多需要的人更多东西。

满足第二个条件更具挑战性，但我们正以惊人的速度实现这一目标。有了科学家、工程师和技术工人的聪明才智和辛勤工作，加上辉瑞数十亿美元的投资，我们宣布将在 2021 年向全世界提供超过 25 亿剂疫苗。事实上，我们的内部目标是 30 亿剂，因此有信心兑现这个承诺。据推算，如果今年的疫苗产量达到 30 亿剂，那么 2022 年的产量将达到 40 亿剂。这些疫苗的分发不受国家贫富的影响，将公平公正地提供给所有人。辉瑞已经签署了向 116 个国家供应疫苗的协议，目前正在与更多国家进行深入谈判，争取在 2021 年实现约 27 亿剂的总供应量。在所有协议达成后，2021 年，辉瑞预计会将其中的 40%，即超过 10 亿剂疫苗，供应给中低收入国家。

显然，这引出了第一个问题。迄今为止，辉瑞已经输出了 4.5 亿剂疫苗，而天平却向高收入国家严重倾斜。为什么会出现这种情况？在制定分阶定价政策时，我们联系了所有国家，建议他们提交订单，以便为他们提供疫苗。然而，大部分疫苗都被高收入国家预定了。这种情况引起了我个人的关注，我通过信件、电话甚至短信联系了许多中低收入国家的领导人，建议他们储备疫苗，因为疫苗的供应量是有限的。但是，他们中的大多数人决定从其他疫苗生产商那里购买疫苗。这要么是因为 mRNA 技术在当时尚未经过测试，要么是因为其他生产商提出可以在当地生产疫苗。有些国家甚至拒绝批准辉瑞生产的疫苗。

很遗憾，出于种种技术原因，其他疫苗生产商未能履行其供货承诺。大多数最初没有选择的国家都重新找到我们，好在由于产能的大幅提升，辉瑞已经开始与这些国家签署供应协议。我们预计，供应的天平会在 2021 年下半年向这些国家倾斜。到了 2022 年，辉瑞生产的疫苗供应量差不多应该能满足所有国家的需求。

上个星期，我有机会向美国贸易代表说明情况，并解释为什么豁免知识产权的提议会破坏这一进展。这就引出了第二个问题。拟议中的知识产权豁免到底是会改善供应状况，还是会造成更多问题？在我看来，这样做绝对会造成更多问题。

辉瑞在研制疫苗时使用的 mRNA 技术或药

物，在全球属于首例。因此，我们必须从零开始建设生产的基础设施。凭借172年的高品质制造传统和大量的资金投入，加上一支由技术精湛的科学家、工程师和生产工人组成的团队，在创纪录的短时间内，辉瑞研发出了全球有史以来最为高效的生产救命疫苗的机器。目前来说，基础设施并不是提高生产速度的瓶颈。其中的限制是，辉瑞疫苗所需的高度专精原材料的稀缺。这280种不同的材料或成分由19个国家的供应商提供。想要提高产量，他们中的许多人都需要我们的大力支持（包括技术和资金）。

当前，几乎生产的每一克原材料都会被立即运往辉瑞的生产工厂，并通过高速而可靠的途径投入疫苗生产。疫苗生产出来之后，会立即被运往世界各地（迄今已有91个国家）。对新冠疫苗知识产权豁免的提议，有可能扰乱原材料的供应，会引发人们争抢辉瑞用来生产安全有效的疫苗所需的关键原材料。在疫苗生产方面缺乏或没有经验的公司很可能会大举争夺辉瑞扩大生产所需的原材料，而这一举动会危害所有人的生命安全。

我想说的最后一点是，我担心对知识产权的

豁免会削弱人们勇敢冒险的劲头。在确定能否成功研制疫苗前，辉瑞已经投入了 20 亿美元的经费，因为我们知道此举意义重大。前不久，我刚刚批准了 6 亿美元新冠病毒感染研发方面的额外支出。这样一来，辉瑞 2021 年的研究总支出超过了 100 亿美元。近期出现的言论不会阻止我们继续为科学研究投入资金，但是我不确定成千上万的小型生物技术创新公司是否也有这样坚定的信念，这些公司完全依赖从投资人那里获得的资金，而投资人投资的前提则是知识产权能够得到保护。

结束这场疫情并确保全球民众完成疫苗接种，这项任务虽然艰巨，但并非不可能实现。我们仍会竭尽所能尽快为世界各地的接种者提供高质量且安全有效的疫苗，全力终结这场波及全球的致命疫情。与以前一样，我们不会让政治因素成为阻碍，将继续致力于辉瑞人最擅长的事情：**为患者带来改变其生活的突破创新。**

豁免的决定发布后不久，我意识到，感到震惊的人并非我一人。在与许多国家元首通话时我了解到，这个提议也是他们始料未及的。私下交流时，他们都表示这个决定完全不合情理。许多人还表示，在他们看来，如果没有知识产权保护，如今就不会有新冠疫苗出现。有些人问我是否知道支持这一决定的人的动机是什么。我告诉他们，在我看来，支持豁免的人并不指望这项豁免能产生什么效果，而只是想给党内反对制药行业的人一些没有实际意义的东西。一位欧盟国家领导人的回应，我至今记忆犹新："但这也太不负责任了。"

当时，我也与冯·德莱恩主席探讨了此事。我在电话中告诉她，在 2021 年，我们将为中低收入国家预留至少 10 亿剂疫苗。

得知我们打算在今年供应这么多疫苗，她有点意外，问我这个消息是否已对外公开。为了让这一消息得到广泛传播，她邀请我在一个全球健康会议上发言。她还说，如果辉瑞在承诺 2021 年疫苗供应的基础上，也能对 2022 年的供应做出承诺，那就更好了。这果真是她的一贯作风。

我不假思索地接受了邀请。5 月底，我在线参加了在罗马举行的全球健康峰会（Global Health Summit），与公众分享了辉瑞预计在 2021 年向中低收入国家提供 10 亿剂疫苗的消息。我还承诺，辉瑞将在 2022 年再向这些国家提供 10 亿剂疫苗。

我在简短的发言中表示："我们希望此举将助力辉瑞以更快的速度挽救更多生命。结束这场疫情并确保全球民众完成疫苗接种，这项任务虽然艰巨，却是能够实现的。"

共同向前迈进才是现在的首要任务

在接下来的几个星期里，我平复了心情，重新思考当前局势。尽管我对美国贸易代表的决定感到失望，但因此而与美国政府的关系蒙上阴影的感觉并不好。更重要的是，我相信辉瑞可以与美国政府一起完成许多有意义的创举。我不能被情绪操控。我认为，要想与白宫建立良好的关系，最好的方法就是展现辉瑞的真实品格，并针对新冠病毒感染造成的巨大健康危机提出解决方案。因禁止出口在美国生产的疫苗、不愿制订与条件较差地区的民众分享疫苗的计划，美国政府已经遭到民众的强烈反对。我知道，辉瑞能够帮助美国政府摆脱现状。

出于继续推进合作的意愿，我安排与白宫新冠病毒感染疫情应对协调员杰夫·齐恩茨（Jeff Zients）通话。此前，我曾就美国政府应对新冠病毒感染危机的相关问题与杰夫有过多次交流。自 2021 年 1 月在拜登政府任职以来，他非常成功地主持了美国应对新冠病毒感染疫情的工作。我尊重他，认为他在处理政府和企业的关系方面得心应手；我信任他，也相信我们能够合作。然而，自从针对新冠疫苗知识产权豁免的决定公布后，我一直没有给他打过电话。杰夫显然已经得知我的不满，也没有给我打过电话。

电话刚刚接通时，我们两人有些彼此试探的意味。而没有想到的是，杰夫突然话锋一转，表示共同向前迈进才是首要任务，而做到这一点的最佳方法，就是寻找一些可以合作的机会。我趁机向杰夫表达了我的想法："我们能否一起合作生产数亿剂疫苗，以成本价卖给美国政府？这样一来，美国政府就可以很快将这些疫苗捐赠给需求最迫切的国家了。"

杰夫赞同这个提议，于是我们便开始进行头脑风暴。我们讨论了可以向哪些国家提供疫苗，并一致认为全球疫苗免疫联盟的 92 个成员国和非洲联盟成员国非常适合作为受援候选国。之后，我们又讨论了美国政府向如此多的国家运送疫苗所面临的物流挑战，我承诺辉瑞会处理这个问题，并承担将疫苗运送到基础设施有限的国家的复杂后续工作。我们的创想正在逐渐成为一个宏伟的计划，堪称拜登政府的疫苗版“马歇尔计划”[①]。

杰夫毫不拖泥带水，他怀着满腔热忱，急切地将这个建议提交给总统。我们全身心地投入工作之中，开始讨论法律和物流方面的事宜。美国政府希望主要依靠 COVAX 进行疫苗分发，但我们坚持认为，如果美国政府要向 COVAX 捐赠疫苗，就必须只向 92 个做出预先市场采购承诺的国家和非洲联盟捐赠，因为这些国家的需求最为迫切。美国政府向 COVAX 提出了这一条件，并决定购入 5 亿剂疫苗，同时保留购买更多疫苗的权利。这是朝向疫苗公平分配迈出的重要一步，我为辉瑞起到的表率作用感到自豪。

然而，在责任归属相关规定方面，有一个棘手的问题需要优先解决。在美国，《公众使用意愿与应急准备法案》（*Public Readiness and Emergency Preparedness*）中的一系

① 马歇尔计划又称“欧洲复兴方案”，指第二次世界大战后，美国拨款援助西欧各国复兴战后经济。——编者注

列保护条款规定：在突发公共卫生事件期间，生物制药公司和其他生产抵御全球流行病的药品和设备的公司，可免于承担某些责任。除此之外，如果个人因这些药品和设备而受到伤害，该法案还会向受害者做出补偿。然而，这些中低收入国家却大多没有这些保护条款。在少数情况下，特别是在低收入和中等收入国家，政府或司法系统不具备针对制造商的这类索赔的完备裁决机制，在全球疫情下更是如此。因此，我们必须与政府讨论对双方都公平的解决方案，并在前所未有的情况下，确保公司得到适当的免责保护。需要说明的是，我们对辉瑞疫苗的安全有效性一向非常有信心，但由于疫苗接种者人数众多，某些国家的人可能会把与疫苗完全无关的健康问题归咎于辉瑞的疫苗，在各类法庭上对我们提出索赔要求，这会使辉瑞面临巨大的经济风险。

我害怕辉瑞因此面临毫无根据的诉讼，也担心我的团队需要面对不同国家的法律体系，但我也知道，我们必须找出一个解决方案，不能让责任归属的挑战成为世界上最贫穷国家获得救命疫苗的障碍。

在权衡利弊之后，我决定将这个决策贯彻到底，履行辉瑞对平等的承诺。辉瑞同意通过 COVAX 提供这 5 亿剂疫苗，从而为公司获取了法律保护。虽然这种保护不及《公众使用意愿与应急准备法案》那么充分，但仍能确保我们向需求最为迫切的国家提供疫苗，而这才是最重要的。我知道通过该途径向这些国家提供疫苗存在风险，但是，我认为这对于公司而言是一个合理的选择，也能让我在夜晚得以安然入眠。

2021 年的七国集团峰会预计于 6 月第二个星期在英国康沃尔郡举行，这些问题处理妥当后，杰夫宣布，拜登总统想要在峰会上宣布这一计划。我立刻意识到了总统的这个决定多么高明。这次的会议将吸引一众媒体的关注，总统借机宣布这一消息，一方面可以表明美国又一次挺身而出为世界做出贡献，另一方面能让美国在世界舞台上重拾声誉，再次被视为胸襟宽广的外交合作伙伴。

离七国集团峰会召开只有几天时间了，我们匆忙准备，安排行程。由于欧洲长期施行新冠病毒感染封控政策，我们需要英国政府的特别豁免才能入境。我的团队昼夜不停地张罗，在白宫的帮助下，英国政府在我们预定起飞时间的几个小时前才批准了这一请求。

6 月 9 日，在飞行途中，我读到了《纽约时报》的一篇文章：《拜登意在巩固美国与欧盟的关系》（*Biden Aims to Bolster U.S. Alliances in Europe*）。

文章提到：在一项有效的疫苗接种计划和经济复苏的支撑下，拜登将出席一系列峰会，他将在下星期证明，美国业已回归，做好了领军西方国家的准备。拜登总统的首要任务是，释放4年来此类集会中未曾出现的和平式外交信号。

在飞机上，我凝视着窗外，想到明天全世界都会为这个重磅新闻而震惊，我露出了微笑。不久，我们就要在全球引发热议了。然而，还没来得及享受这种美妙的感觉，手机推送的各大头条新闻就对我展开了连番轰炸，《纽约时报》《华盛顿邮报》《华尔街日报》等报纸的消息接踵而至。原来，疫苗计划在发布前不足24小时时遭人泄漏。英国前首相鲍里斯·约翰逊办公室工作人员主动联系我们，想了解更多细节。我们表示不方便透露，并委婉地建议他们联系拜登总统办公室。我和我的团队担心消息一经传出，总统团队可能会取消发布活动。尽管如此，辉瑞仍准备继续推进计划。我又读了一遍演讲稿，为发言做好准备。

那天晚上，我们到达了康沃尔纽基机场，驱车来到不远处的一家海滨酒店。与我同行的还有萨莉·萨斯曼和我们的安保人员蒂姆·康威（Tim Conway）。蒂姆不仅负责保护执行要员，而且十分注重细节，尽心尽力处理复杂的后勤工作。来到辉瑞之前，蒂姆在美国特勤局工作了 24 年，利用在白宫和全球安保人际网的人脉，帮助我们得到了所需的权限、豁免书和证件。和蒂姆共事很愉快，虽然他极为审慎，但我们还是连哄带骗，让他讲了一些在特勤局保卫几任总统及其家人的故事。与我的团队在遥远地区度过的这些宁静时光，对我来说有着特殊的意义。我们终于有机会相互了解了。能和同事再次踏上旅途的感觉真好。

第二天早上，英国的天空同往常一样被雾气笼罩，众人在酒店房间里埋首工作，然后沿着两旁灌木丛生的乡间窄道，前往七国集团峰会的会场，也就是占地面积高达约 30 万平方米的特里格纳城堡（Tregenna Castle）。步行了很长一段距离，经过多个安检点之后，我和萨莉面见了拜登总统，我们简短地聊了几句，并回顾了一下大致流程。会场布置得非常壮观：总统的演讲台矗立在绿茵茵的草坪上，演讲台后面长着很多挺拔茂盛的树。

总统大步走在前面，第一个出场。我紧随其后。总统在演讲过程中特意指出这些疫苗是 mRNA 疫苗时，我的心中充满了自豪感。

我在发言时对拜登总统的领导能力大加赞扬，并指出：“在七国集团国家领导人共同出席这次重要的全球峰会之际，全世界的目光都落在这些国家领导人身上，期待他们能帮助解决迫切需要帮助的邻国长期面临的新冠病毒感染危机。虽然许多发达国家在应对新冠病毒感染危机方面已经取得了重大突破，但当前，全世界都在呼吁七国集团领导人承担重任，帮助所有国家的民众完成疫苗接种。”

我接着说：“总统先生，在与您的交谈中我了解到，我们都坚信，无论经济状况、种族、宗教背景或地理位置，无论男女老幼，地球上的每一个人，都有权获得能保护生命的新冠疫苗。”然后，我又根据当前的局势说道：“显然，美国再次响应了这一召唤。”

演讲完毕，我和总统穿过一群媒体记者往外走，就在这时，第一夫人吉尔·拜登（Jill Biden）博士给了我一个拥抱，我又惊又喜。我曾和她通过视频电话，但从未见过面。她待人亲切热情，散发着沉着冷静、笃定专注的魅力。第一夫人、拜登总统、萨莉、杰夫·齐恩茨、美国国务卿安东尼·布林肯（Antony Blinken）和我闲聊了一会儿，我们在这田园风光之中享受着轻松闲谈之乐。有人说，在美国这场抗击新冠病毒感染的战争中，许多参与者都是移民。想到自己也是这些移民中的一员，我更觉得骄傲了。

道别时，拜登总统从口袋里掏出一样东西，在与我握手时递到了我的手中。

“指挥官会把这样东西授予在战场上表现出超凡勇气的人，这是你应得的。”他告诉我。

这是一枚沉重的金属硬币，一面刻着美国国徽，另一面刻着拜登总统的全名 JOSEPH R. BIDEN JR.（小约瑟夫·罗宾内特·拜登），旁边刻着 Delaware（特拉华州）[①]。我感觉泪水盈满了眼眶。我把硬币塞进钱包，妥善保管。我要将这枚硬币视为我们的共同希望的象征，希望这些威力十足的疫苗能为民众带来光明的未来。

① 拜登曾于 1973 年至 2009 年担任特拉华州联邦参议员。——译者注

MOONSHOT

09

穿越政治“雷区”

Man is by nature a political animal.

人是天生的政治动物。

亚里士多德

古希腊哲学家

（公元前384—前322年）

Aristotle, 384–322 BC

从一开始，疫苗平等就是我们秉承的原则之一。所谓疫苗外交，就是利用疫苗作为谈判筹码，是一种我们绝不会采用的手段。然而，我的办公室仿佛变成了大使馆，办公电话则被全世界领导人设置成了“快速拨号”。

科学绝不卷入战争

疫苗外交的历史源于拿破仑时代。当时，英国医生爱德华·詹纳（Edward Jenner）发表了牛痘病毒预防人类天花的研究成果。19 世纪初，天花疫苗被运到海峡对岸的法国。拿破仑意识到这种疫苗在改善外交关系中将起到重要作用，于是欢迎詹纳访问法兰西学院。拿破仑下令在法国各地建立疫苗部门。在拿破仑对英国发动战争期间，两国的外交官会就战俘交换和其他条款进行谈判。拿破仑看到了将疫苗当作谈判筹码的契机，并想在谈判中加以利用。但詹纳不同意这种做法，他在给同事的信中写道："科学绝不卷入战争。"

在新冠病毒感染肆虐期间，几乎每个国家的元首都主动联系过我，或是表达谢意，或是要求增加疫苗的供应量，或是抱怨得到的疫苗不足。出于好意，我的工作人员常常主动对这些电话进行转接，或是帮我回电。我虽然很感谢他们的好意，但也知道，亲自接听国家元首（包括总统、国王、总理和部落首领）或卫生部长打来的每一通电话意义重大。这些人是国民的代表，而我们则把他们的国民当作自己的患者来服务。无一例外，这些国家的领导人都渴望得知有关疫苗的消息，而且在最初疫苗数量非常有限的情况下，每个人都希望能得到一部分。

与疫情期间的大多数家庭一样，在我家，准备晚餐的任务落在了儿子莫伊斯和妻子米里亚姆肩上。莫伊斯很享受烹饪的快乐。牛排、意面、鸡肉咖喱等都是他的拿手好菜。他很愿意为全家人准备餐食。

莫伊斯会偷听到一些通话内容，吃晚餐的时候，他那犀利的言论会逗得我哈哈大笑。

“那家伙不太聪明，”他评价道，“昨天那位很精明。”

“她对你说的话根本不感兴趣，跟你说话，只是完成一项任务而已。”

“我感觉他们对抗原不感兴趣，却死抓着温度和冷藏的事情不放。”

“真不敢相信，这几场谈判推进得这么快。”

政治谈判让人神经紧绷，因此，能有莫伊斯在身边，我感到莫大的安慰。在他还小的时候，我们有一次坐在一起，听父亲的兄弟因托讲述父亲的故事的录音。莫伊斯与我父亲同名。我想通过这种方式让自己和儿子多了解父亲兄弟俩的经历。在打语音和视频电话的间隙，我常常会跟莫伊斯探讨我的措辞，有时只是想让他帮我出出主意，或让他大声地说出我想说的话。而他也很乐意帮我。

在新冠病毒感染疫情大流行期间，有一段时间我的女儿塞莉丝住在家里，但她特别希望能回到宿舍，跟朋友们待在一起。和我一样，她很幽默，非常有主见。她同我一样有野心和干劲，也很乐于助人，并且也非常慷慨。

在疫情期间，塞莉丝和许多同学一样，只能住在家里，感受着家里兴奋而紧张的气氛。她对家里的氛围很敏感。有的时候，我们不得不哄她下楼吃饭。莫伊斯会大喊道：“我要把薯条吃光啦！”这句话一出，楼上便有了动静，她这才下楼跟我们一起吃晚饭。一旦来到餐桌旁，她就会很快加入我们的讨论。两个孩子似乎都意识到，有什么对社会意义重大的事情正在发生。我常常得离开餐桌，去接电话。孩子们说，我经常会觉得必须讲个糟糕的笑话来圆场，而我的冷笑话经常冷场。

2020 年的秋天，在辉瑞宣布疫苗有效性的前后几天，给我打电话的人的地位越来越高，先是普通官员，接着是大使，一直到国家元首。全球新冠病毒感染病例已经接近 5 000 万例。与领导人通过电话或视频会议进行沟通，已经成为家常便饭。其中的一位领导人坚持要求与我见面，他就是希腊的邻国阿尔巴尼亚的总理。他表示，由于阿尔巴尼亚不是欧盟成员国，他担心阿尔巴尼亚可能会得不到疫苗。他提醒我不要忘记希腊和阿尔巴尼亚两国的频繁往来。他对国民福祉的关注打动了我。而他最为关注的是工作在抗击疫情一线的工作人员。我们戴好口罩，在保持社交距离的情况下在纽约成功会面。回到家后，他给我寄了他自己画的一幅画。

几天后，美国纳瓦霍族保留地部落长官乔纳森·内兹（Jonathan Nez）谈到，他们正在经历疫情的第二轮暴发。他表示，保留地的机构审查委员会（Institutional Review Board）赞赏辉瑞所用的知情同意举措，他的顾问委员会倾向于与辉瑞合作。他表示：“疫苗越早送达越好。”我告诉他，美国政府会对我们的疫苗分配加以控制。内兹区长表示，除此之外，他还担心族人会对接种疫苗持怀疑态度。他为族人安排了一场视频会议，想让我加入，但又担心我的日程太紧张。我说：“如果你认为我拿出一小时可以挽救一个生命，那我非常愿意参加。”就这样，我参加了那一次视频会议。

日本首相在访美期间给我打来电话。他急切地表达了日本民众需要的疫苗数量，而这个数量在辉瑞的承担能力范围内，于是我便答应下来。达成协议之后，我表明辉瑞愿意提供进一步的帮助，愿意为即将在日本举办的奥运会提供支援。运动员和代表团免不了近距离接触。我认为，如果奥运会因疫情再次被推迟，无疑是全人类的重大损失。

对我来说，奥运会是当代民主精神的伟大象征。在历史上，战争和冲突曾在奥运会期间暂停。现代奥运会始于1896年，那时，法国男爵皮埃尔·德·顾拜旦（Pierre de Coubertin）深受奥林匹克精神的启发，成立了国际奥林匹克委员会（简称国际奥委会）。今天，奥运会将来自世界各地的人们凝聚在一起，彰显人类彼此互联的人性之光。我非常担心奥运会被取消，因为那意味着病毒战胜了人类文明。

与日本首相通话后，我给国际奥委会打电话，表示愿意提供帮助。我向国际奥委会主席托马斯·巴赫（Thomas Bach）表态，辉瑞希望协助运动员及其代表团完成疫苗的接种工作。所需的疫苗数量并不庞大，但物流工作更具挑战性。2021年5月，辉瑞宣布与国际奥委会签署谅解备忘录，向对方捐赠新冠疫苗，协助参加将于2021年夏末举行的2020年东京奥运会和东京残奥会的运动员及代表团完成疫苗接种。巴赫主席表示：“这次疫苗捐赠为我们的工具箱中增添了一把利器，有助于确保2020年东京奥运会和东京残奥会所有参与者的安全，能让他们安心比赛，并为我们慷慨的日本东道主提供了支持。”

这是科学与人类的一场伟大胜利

这是科学和人类的一次具有象征意义的伟大胜利。后来，巴赫主席邀请我参加 2020 年东京奥运会开幕式，更没想到的是，他还邀请我担任火炬手，真是让我受宠若惊。很遗憾，由于新冠病毒感染防控措施的加强，我最终没能传递火炬，但还是参加了开幕式。而这段经历也令我永生难忘。为了表达友好，巴赫主席赠予我一个火炬，我怀着满心自豪，把火炬带回了家。

有时，开明的领导人能够透过当前的危机，看到科学的力量。比如，“我们最聪明的科学家如何与你们最优秀的科学家展开合作，为下次危机做好准备？”英国前首相鲍里斯·约翰逊就是其中之一。不幸的是，在这次的讨论中，我们差点就制造出一场国际事件。2021 年 1 月 14 日傍晚时分，我与鲍里斯首相在伦敦会面。作为首个批准辉瑞疫苗的国家，英国已经完成了 250 万民众的疫苗接种，并订购了 4 000 万剂疫苗。首相想在这个数字的基础上增加采购量。“我们国家的老年人正在大批死去。”他说。英国有足够的人力和可用的医疗系统来实现全员接种这一目标。他们计划将 2021 年 2 月的 300 万剂疫苗的接种工作提前到 2021 年 1 月进行。如果辉瑞能提供更多剂量的疫苗，英国也乐意接受。在我看来，英国在巨大的压力下完成了一项出色的任务。除此之外，英国还出现了一种源自印度的新变种病毒，这种新变种病毒引发了新的担忧，并在几个月后被命名为德尔塔变异毒株。米凯尔·多尔斯滕向鲍里斯首相保证，我们一直在密切关注变种病毒，并坚信我们的疫苗能起到预防作用。根据我们所掌握的知识，我做出承诺，一定满足首相的这个要求。在通话结束时，有人截下了一张视频会议的图片，会后，首相将这张图片发布在领英网站上。他告诉我们，他将在一次晚间集会上呼吁全体英国民众为辉瑞鼓掌呐喊。就这样，我和我的团队满怀自豪地结束了会议。

然而，我在当天晚些时候得知，我们的团队认为辉瑞没办法兑现承诺。团队的一名成员犯了一个无心的错误，把可用剂量重复计算了一遍。也就是说，我们实际上并没有 300 万剂疫苗，除非挪用其他国家的疫苗供货。我们当然不能这样做，这种做法既不公平，也有违道德。我感觉很糟糕，只得硬着头皮给首相回电话。他的态度虽然很温和，但也称这个消息对他打击很大，因为有了这些疫苗，他的计划才能达成。我告诉他，我们会加班加点，想尽一切办法来兑现承诺。正因为我本人做出的承诺，英国首相才向英国全体民众做出保证。我不能收回这个承诺，因为我肩负着荣誉。

就这样，团队从头开始规划。我们发现，在 1 月，也就是特朗普政府执政的最后几个星期，疫苗分发速度缓慢导致了疫苗数量过剩。然而，《美国国防生产法》规定，美国生产的疫苗不能出口。好在这些多出来的疫苗是在辉瑞的欧洲工厂生产并运往美国的。对于在美国之外生产的疫苗，美国并没有颁布出口禁令。当时，英国是唯一接种速度快到疫苗供不应求的国家。就这样，我们为满足英国的疫苗需求制订了计划，并在仔细审查后批准将这批疫苗运到英国。

我们安排好与首相通话，并把通话时间定在 2021 年 1 月 18 日——星期一，也就是马丁·路德·金纪念日的早上。我说，我们有好消息要告诉他。我本人要为此事负责，并为我们引起的担忧道歉。首相肯定了我们的坦诚相见和努力补救的举动。他对所有人表示感谢，然后补充说，他已经对 mRNA 进行了研究。他告诉我，在他看来，这是未来具有重要意义的技术之一。他希望与辉瑞展开全方位的合作，以便协助我们保护民众的生命安全，确保在新变种出现时能够迅速扭转局面：“希望我们的团队能在这一点上取得成功。”

通过这件事，我希望为自己的团队传递对我本人意义重大的价值观。承担责任，勇于认错，不要试图隐瞒。想办法补救，然后坦诚地道歉，并同大家分享学到的经验。

与英国一样，加拿大对接种疫苗也没有那么多的顾虑，而是帮助民众尽早完成疫苗接种。加拿大总理贾斯廷·特鲁多（Justin Trudeau）担心加拿大的疫苗供应顺序被排在欧洲国家的后面，我向他保证加拿大处于有利位置。但我也承认，与欧洲的谈判对双方都至关重要，因为位于比利时皮尔斯的基地是保障疫苗生产的关键因素，我们承担不起因惹恼欧洲而导致出口受阻的风险。我已得知特朗普政府希望将所有在美国生产的疫苗都供美国国民使用。加拿大肯定也能获得数量高出预期的疫苗，只不过无法在接下来的几个星期内获得。

在接下来的几天里，我与墨西哥总统以及拉丁美洲其他国家的代表进行了卓有成效的沟通。所有这些国家都面临着公共卫生和经济危机的双重挑战。这些国家的领导人认为，解决公共卫生危机是当务之急。我们也与包括巴西总统博索纳罗（Bolsonaro）在内的巴西官员进行了沟通，但结果令人唏嘘。巴西在订购疫苗上行动迟缓，在初期倾向于订购俄罗斯等国生产的疫苗。行动迟缓和判断失误不仅为巴西带来了政治问题，更糟糕的是，大批巴西民众因病毒感染而失去生命。

2021 年 1 月 20 日，拜登总统在任职公开演讲中表示，为那些在新冠病毒感染全球大流行期间失去生命的人祈祷。他向全球观众宣布：“我们必须把政治因素放在一边，团结一心，共同抗击这场疫情。”

2021 年 4 月，接种疫苗的民众越来越多，我飞往辉瑞位于皮尔斯的生产基地，陪同欧盟委员会主席乌尔苏拉·冯·德莱恩和比利时首相亚历山大·德克罗（Alexander De Croo）参观工厂（见图 9–1）。

这是我第一次有幸见到德国生物新技术公司的厄兹勒姆·图雷西本人。她是一名杰出的科学家，与丈夫乌尔·萨欣共同创立了这家公司。我很快就发现，我们性格极为相似。她的雄辩和友善，都给我的团队留下了深刻的印象。

在参观过程中，我们与一些同事见了面。我看到他们身后有一个巨大的工作时间计划表。

图 9–1 众人参观辉瑞位于比利时皮尔斯的新冠疫苗生产工厂

资料来源：辉瑞。

这是一个让人百感交集的时刻，我向大家表示了由衷的感谢。厄兹勒姆表示，德国生物新技术公司很感谢能与辉瑞这样的合作伙伴如此顺利地开展合作，将他们的发现变为现实。我表示，辉瑞和德国生物新技术的合作“不仅关乎科学、关乎能力，也关乎为患者服务的共同价值观”。当天晚些时候，我和厄兹勒姆向冯·德莱恩主席和德克罗首相解释了我们选出候选疫苗的方法，并详细介绍了如何在选择过程中将安全数据和免疫原性作为优先考虑因素。在出现了诸多变种病毒的英国、南非、巴西等地，我们的方法都被证明切实有效。通过疫苗的研制过程，辉瑞让世人了解了科学的力量、生机勃勃的私营企业存在的重要性，以及与包括政府在内的各级机构展开合作的重要意义。

在皮尔斯的制造工厂里，冯·德莱恩主席指出，这个地方体现了欧盟宣扬的公平和开放。她指出，欧盟正在为位于欧洲和世界各地的民众生产疫苗。自 2020 年 12 月以来，欧盟已向全世界 87 个国家出口了逾 1.55 亿剂疫苗。

“欧洲是世界的药房，”她感叹道，“作为欧洲人，我们为此而自豪，我们欢迎其他国家加入我们的行列。因为我们都知道：**人人安全，世界才能安全。**”

她对欧盟强大而可靠的疫苗供应商表示了感谢，其中也包括辉瑞和德国生物新技术公司：“事实上，欧盟迄今为止所使用的主要疫苗，就是在我们身处的比利时皮尔斯工厂生产的。这座工厂堪称一台疫苗生产发动机。有了辉瑞和德国生物新技术公司付出的艰辛努力，加上交付疫苗的迅速高效，现在我有信心宣布，截至 7 月底，我们就能够生产出足够数量的疫苗，使欧盟成年人的疫苗接种率达 70%。我们在这里看到的这项开创性科技，将助力这一目标的实现。”

欧盟委员会主席在演讲中指出，辉瑞和德国生物新技术公司保障了疫苗的稳定供应，因此，欧盟委员会将签署有史以来数量最大的疫苗供应协议，供应量高达 18 亿剂。

辉瑞与以色列的合作方式与欧盟相比差别很大，值得拿出一章的篇幅详细介绍。

MOONSHOT

10

希望的灯塔

What is common to all men?
Hope.
Because those who have
nothing else possess hope still.

人人都有的东西是什么？
是希望。
因为一无所有之人，
仍然拥有希望。

泰勒斯

古希腊哲学家

（公元前620—前546年） Thales of Miletus, 620–546 BC

辉瑞开始向世界各地运送第一批疫苗时，人们的兴奋之情异常高涨。但接下来，现实却给我们泼了一盆冷水。我告诉每个人，辉瑞的疫苗会在 2020 年 10 月问世，但实际上，除了我之外，很少有人相信我们真能做到。显然，交付机制尚未完全确立好。几乎所有国家的卫生部门对现有剂量疫苗的接种工作推进得都不顺利。刚开始时，在这些国家，疫苗出现了供大于求的局面。但当疫苗接种率开始增加时，生产却无法赶上需求，从而造成了瓶颈。

我们需要一个案例，向世人证明这种希望是真实的

我意识到，想要让足够多的人接种疫苗，从而让人们

看到直观且可衡量的效果，需要耗费很长时间。第一批疫苗带来的希望很快就被耗尽了，因为人们的日常生活并没有因此而得到改善。我们需要一个案例，向世人证明这种希望是真实的。我们的想法是选择一个国家，向该国源源不断地提供疫苗，让该国民众及时完成接种，直到实现群体免疫。这样就能够证明这种措施确实可以保护健康，有助于恢复经济秩序。理想情况下，这样的国家最好规模相对较小，具有高标准的医疗系统，并拥有完善的电子病历。

时任以色列总理本雅明·内塔尼亚胡（绰号“毕比”），便是第一批打电话给我的人，他希望辉瑞能提前交付疫苗。我们的第一次谈话属于非正式沟通。他告诉我，希腊总理基里亚科斯·米佐塔基斯（Kyriakos Mitsotakis）以我为傲，内塔尼亚胡总理正是从他那里得知了我的希腊裔犹太人的身份。在继续讨论的过程中，我向内塔尼亚胡总理透露，辉瑞的研究负责人米凯尔·多尔斯滕是瑞典裔犹太人，在医学院期间获得了以色列著名科研机构魏茨曼科学研究所（Weizmann Institute）的奖学金。

“这么一说，我对我们的情报人员太失望了，”总理幽默地说道，“他们没跟我说这件事。”

我感觉，开个玩笑并不会对我们即将进行的讨论有什么影响，于是便打趣让他不要耿耿于怀，我可不希望总理因此而对以色列情报机构摩萨德感到失望。寒暄过后，他开始游说我尽早向以色列交付疫苗。我同样向他解释了供货情况，请他耐心等待，并承诺会尽我所能保证供货。内塔尼亚胡知悉许多关于病毒和各种疫苗的技术细节，也是第一位提出群体免疫的领导人。他的专业知识和直率风格引起了我的注意。我开始思考，能否在以色列国内率先完成疫苗全面接种，从而证明疫苗的功效呢？我打电话找到路易斯·霍达尔（Luis Jodar）博士。他是辉瑞的首席医学官，有着顽强不屈的拼博精神，且对患者抱有高度的责任心。我向路易斯咨询了这个问题，他的回应很积极。

以色列国土面积适中，边界受到严格控制。该国拥有一个完善的医疗系统，98% 以上的公民都拥有电子病历。另外，该国也正在遭受新冠病毒感染疫情的严重影响。以色列的医疗保健体系由政府出资建立，实现了全民覆盖。民众可选择 4 项全国性医疗保险计划中的一项，这些保险计划则由健康维护组织负责运营。所有以色列居民都有唯一的识别号码，能够与国家医疗记录数据库中的数据匹配。我请路易斯将以色列列入候选国家名单，并让他计算群体免疫所需的疫苗剂量。

两天后，我又接到了内塔尼亚胡总理的电话。我很惊讶，因为现在进行第二次通话似乎为时尚早，而且我们事先也没有预约。这通电话不期而至。他提醒我注意疫苗交付合同谈判涉及的一些法律问题。我不知道具体细节，于是答应看完合同后会给他回电话。我颇为信任的辉瑞法律总顾问道格·兰克勒向我解释了总理的担忧，之后，我给总理打去电话。几个小时后，总理给我回电，以色列驻美国大使罗恩·德默（Ron Dermer）和以色列国家安全顾问也参与了此次通话。我看了看手表，计算了一下以色列的时间，不禁大吃一惊。“总理，现在可是凌晨两点半啊！”

“别担心，我睡得不多，”他回答，“是这样的，阿尔伯特，如果我们把这事全权交给律师，那就永远也解决不了问题。我现在就和我们的首席律师聊聊。你能跟你们的首席律师也聊聊吗？”

我有些迟疑，但还是被他的果决和迫切触动。我与道格开会探讨，内塔尼亚胡也与几名律师开会讨论。据我了解，这几名律师是美国一家法律公司中的以色列律师代表。在随后的讨论中，德默大使提出了一些出色的解决方案，给我留下了深刻的印象。到了以色列时间的凌晨三点，大多数问题都得到了解决，只剩少数问题有待商定。针对这些问题，我们达成协议，让法律团队在美国时间的上午讨论解决方案。初始合同在几天后签署。我本以为这会是我与“毕比”的最后一次通话。

与此同时，路易斯已经计算出以色列全国实现群体免疫所需的疫苗剂量，而我则在不停地研究符合观察性研究①标准的国家名单。哪个国家能更快更好地推进疫苗接种工作？以色列在名单上名列前茅，但其中存在一个问题。如果以色列真的被选中，那么所有人都会认为这是我的犹太人身份促成的结果。我考虑要不要邀请辉瑞以色列分公司的人参与进来，从而了解一些关于该国疫苗接种计划的问题。电话在这时突然响了起来。打来电话的是内塔尼亚胡。罗恩·德默也跟他在一起。

总理再次谈到，以色列局势严峻，需要更多疫苗。我表示很遗憾，世界各国都面临着严峻的局势，然后便开始

① 流行病学及统计学中的研究方法，在自然状态下对风险因素、诊断测试、治疗或其他干预影响进行观察和记录。——译者注

询问以色列疫苗接种项目的进展情况。总理对细节的了解，再次深深打动了我。他谈到了以色列的医院采取的应急措施、政府推出“绿色通行证”的想法，以及如何打消人们接种疫苗的顾虑等。很明显，他对一切工作都了如指掌。而德默担心这些细节无法说服我，突然开始大谈特谈以色列应对危机的能力：“以色列人是一个懂得如何在持续不断的威机下生存的民族。我们在和平时期无拘无束，但危机当前，我们懂得审时度势的重要性。”内塔尼亚胡立刻加入了罗恩的行列，开始大力赞扬以色列的能力。第二天，我与米凯尔、路易斯和道格，讨论了将以色列作为样本，向全世界展示辉瑞生产的新冠疫苗的潜力是否可行。

以色列或许是个理想的选择

我们一致认为，以色列或许是个理想的选择。“你知道的，所有人都会觉得我们这么做是因为自己的犹太血统。”我给米凯尔发短信说。

“我知道，但以色列的确是正确的选择。”他回答说。

我打算给内塔尼亚胡总理打电话，讨论在现实环境中开展实证研究合作的可能性。这样一来，试验人员就能得到可观察、非随机且非受控的数据。我们会按照先前达成的疫苗供应协议提供疫苗。作为回报，以色列将承诺迅速采取行动并公布真实的有效性数据。第二天，我还没来得及打给总理，他就先打来了电话。我向他提出了研究合作的想法。在一个多星期的时间里，辉瑞与卫生部签署了一项研究合作协议，并与以色列、辉瑞和哈佛大学的流行病学家组成了一个指导委员会。

随着时间的推移，以色列的故事将为全世界带来鼓舞，并让世人看到新冠疫苗的效果。

2021 年 3 月初，我们正在准备公布以色列疫苗接种运动的中期结果。我想在 3 月 11 日访问以色列，因为那天正好是世界卫生组织宣布新冠病毒感染疫情已经构成大流行一周年纪念日。除以色列外，我还计划访问该地区其他几个国家，却遇到了一些阻碍。其中的一个阻碍就是不久之后的以色列议会选举。议会选举竞争激烈，我可能会在投票前访问以色列的消息被泄露给了媒体，引发了一些当地媒体的报道。由于我的家人从大屠杀中死里逃生的故事，加上辉瑞在疫苗领域取得的成果，我在那里拥有较高的知名度。许多人都向我提出建议。其中一半的人告诉我不要来，因为这可能会干扰到选举过程；另一半则坚持认为我应该来。

另一个障碍是我自己的疫苗接种。接种疫苗这件事成了我的一块心病。一方面，我急于向世界表明辉瑞的首席执行官敢于率先接种，因为他对疫苗有信心；但另一方面，我认为其他人更需要疫苗。在疫苗上市早期，等待接种的人员名单很长。在最需要疫苗的群体中，对接种抱迟疑态度的人占比较低。需求水涨船高，各州仍在处理物流事宜。我决定按名单上的顺序接种，不插队加塞。这个两难的困境让我心烦意乱，因为我想做出符合道德的选择。大家针对这个决定进行了讨论，我们查看了一项民意调查结果，发现公众希望看到自己的医生和其他医疗保健机构的管理者接种疫苗，因为这么做有助于打消接种者对疫苗安全性的疑虑。但是，如果我接种了疫苗，便会希望我的团队也接种疫苗，以此类推到整个管理团队。我选择等待时机，希望那时那些心怀犹豫的人可以从我接种疫苗这件事上得到鼓励。

可是，内塔尼亚胡却在通话期间反复问我是否接种了疫苗。他表示，以色列的疫苗接种运动进展非常迅速，而选民们一直在问他我是否完成了接种。我知道，他这样问也是出于对我的真切关心。在这艰难的时期，为了找出终结这种致病性极强的全球流行病的方法，我们密切合作，关系日渐紧密，也分享了许多私人信息。我们通常会在以色列时间的深夜聊天，聊一聊这一天各自承受的重压或是家人的境况。

“我知道，在这件事上，我就像一位母亲一样唠叨，但你必须得接种疫苗。”总理态度坚决地说。说到这里，一旁的以色列第一夫人也加入了游说的行列。他补充道：“我妻子就坐在我身边，她问你打算什么时候接种疫苗。我该怎么回答她？”他告诉我，以色列军队总是先给指挥官接种疫苗，从某种意义来说，这好比召集了军队的力量向我施压。

到了 2 月中旬，我终于接种了第一剂新冠疫苗，又按规定时间在 21 天后接种了第二剂。但随着 3 月 11 日的临近，我显然无法满足以色列的入境要求。根据以色列绿色通道的规定，旅行者在接种第二剂疫苗一个星期后方可进入以色列境内。由于没能满足这个时间要求，我最终失去了入境的资格。

97%，94%，90%

我没有访问以色列。许多人对我的决定非常失望，但感到高兴的人更多。他们认为，在选举进入胶着状态之时，我的来访有可能会释放某种政治信息。我希望，这条政治信息有利于传递出一个明确的信号，即任何国家都能够将以色列作为榜样，将正确的公共卫生决策作为重中之重，从而战胜这场全球疫情。虽然我本人没能到场，但仍达到了预期效果。

以色列的疫苗接种运动开展几个月后，路易斯在著名医学杂志《柳叶刀》上与其他人共同发表了一篇文章，公开了研究结果。利用全国疫苗接种运动前 4 个月的全国监测数据，以 16 岁及以上以色列居民为对象，我们针对实验室确认的新冠病毒感染病例以及疫苗接种情况进行了分析。以色列有 920 万人，其中 650 万人的年龄符合接种疫苗的要求。最初，全国范围的疫苗接种运动的接种对象是医疗保健工作者、长期住在疗养院的人、免疫缺陷者以及老年人。随后，疫苗接种范围扩大到年轻群体。2021 年 2 月 4 日，16 岁或以上的所有人都有资格接种疫苗。疫苗接种量高达每天逾 22 万人。按人口比例计算的话，相当于每天有 800 万名美国民众接受疫苗接种。2021 年 3 月 11 日，也就是世界卫生组织宣布新冠病毒感染疫情已经构成大流行一周年纪念日，以色列卫生部公布的数据显示，疫苗对有症状病例的有效性超过 97%，对无症状病例的有效性则达到 94%。

两天后，英国《金融时报》报道称："封控结束，以色列民众为辉瑞举杯。" L'chaim[①], Pfizer。以色列的封控解除，令全世界重新燃起了自由即将到来的希望。到了 4 月中旬，以色列民众已接种 1 000 多万剂疫苗。在 16 岁及以上的群体中，大约有 70% 的人接种了两剂疫苗；在 65 岁及以上的老年群体中，这个数字达到 90%。新增感染人数迅速下降。

2021 年春天，耶路撒冷的逾越节和复活节报道显示，纪念耶稣受难日的人群规模非常庞大，人数之多，就好像疫情不曾存在过。报道中引用了一位罗马天主教神父的话："这简直是个奇迹。" 在这座圣城之中，2021 年的复活节要比 2020 年的复活节生机勃勃得多。在以色列卫生部的规划、组织和继续领导下，全国疫苗接种运动继续开展。

① 希伯来语，干杯致敬时使用，可解释为"向生命致敬"。——译者注

坊间报道令人动容，而流行病学证据则意义重大。《柳叶刀》杂志的文章这样写道：

> 在以色列全国范围内，因接种疫苗而获得免疫力的人数迅速增加，这为我们提供了一个独特的机会，得以看到这会对 SARS-CoV-2 的传播产生怎样的影响。这种病毒传播可能会持续下去，直到有免疫力的群体比例超过群体免疫阈值。据估计，这个数字至少为 60%，然而，传染性更强的病毒变种的出现，或许需要更高的群体免疫阈值。如果不为部分 16 岁以下的群体接种疫苗，或许就无法达到群体免疫的阈值。此外，无论是通过感染还是疫苗接种所获的免疫效果，SARS-CoV-2 的免疫期都尚不清晰。如果新的变种病毒不受当前疫苗诱发的免疫反应的影响且广泛传播，那么以色列群体免疫的进展情况，可能会被新出现的变种病毒打乱。想要监测人群的免疫水平，确定病毒传播的中断，并检测和评估新出现的病毒变种的影响，还需进一步的研究（见图 10-1）。

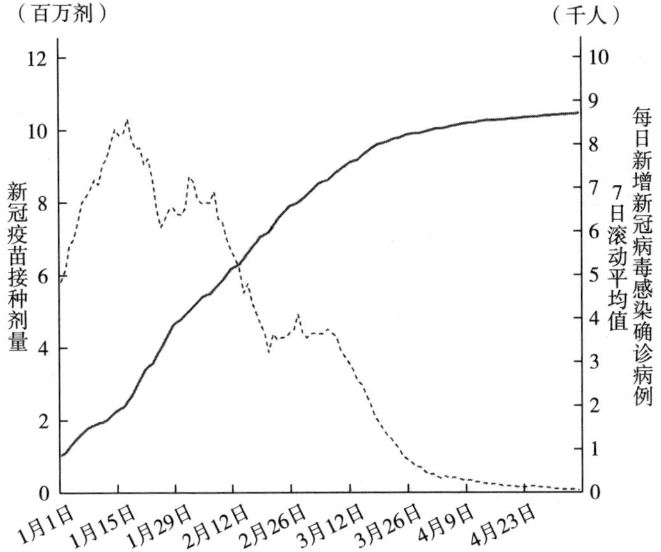

图 10–1 以色列疫苗接种率与新冠病毒感染病例 2021 年春季研究数据

资料来源：Hannah Ritchie, Esteban Ortiz-Ospina, Diana Beltekian, Edouard Mathieu, Joe Hasell, Bobbie Macdonald, Charlie Giattino, Cameron Appel, Lucas Rodés-Guirao, Max Roser（2020）, "Coronavirus Pandemic（COVID-19）." OurWorldInData.org.

另外，以色列卫生部也在《柳叶刀》杂志上发表了一篇评论，表明一个人口仅为美国人口 1/35 的国家，在使用辉瑞和德国生物新技术公司联合研制的新冠疫苗的最初 112 天内，便有效预防了 158 665 例感染病例、24 597 例住院病例和 5 533 例死亡病例的出现（见图 10–2）。在一个与美国人口数量相当的国家，这相当于患者死亡人数在短短 112 天内减少了超过 19.3 万人。19.3 万人相当于一个美国中型城市的人口数。5 月中旬，我在推特上写道："在将一个国家的情况套用于其他国家时应该谨慎，尽管如此，这些研究结果仍然彰显了辉瑞生产的疫苗在缓解人类病痛方面的功效。"

与此同时，美国疾病控制与预防中心引用了以色列的案例，打消美国民众的顾虑。该机构在报告中表示，以色列的数据表明，接种辉瑞和德国生物新技术公司联合研制的新冠疫苗的群体，其病毒载量是未接种群体病毒载量的 1/4。报告补充说："这一监测结果也可能意味着病毒传播能力的下降，因为病毒载量是病毒传播的关键驱动因素。"该机构的报告还显示："根据从以色列多种流行毒株中观察到的结果，辉瑞和德国生物新技术公司联合研制的新冠疫苗具有极高的有效性（92%）。"

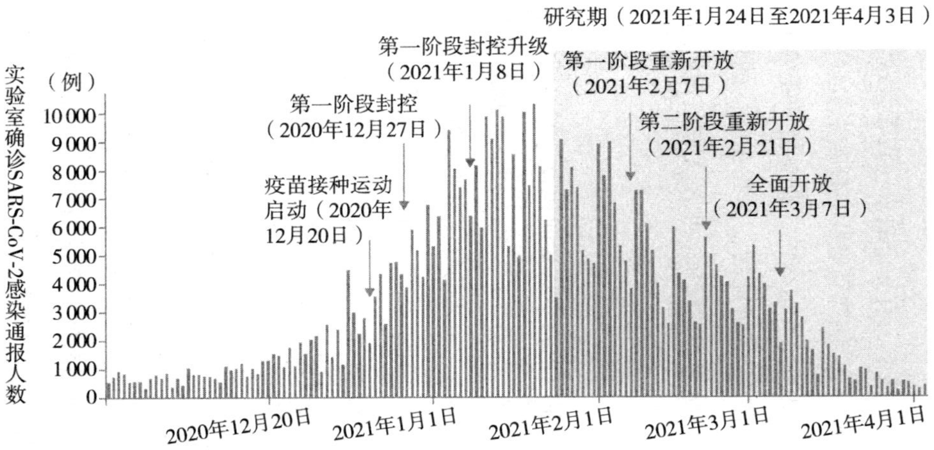

图 10–2　2020 年 11 月 1 日至 2021 年 4 月 3 日以色列每日感染人数

资料来源：E. Haas et al., The Lancet 397, “Impact and effectiveness of mRNA BNT162b2 vaccine against SARS-CoV-2 infections and COVID-19 cases, hospitalisations, and deaths following a nationwide vaccination campaign in Israel: an observational study using national surveillance data,” 1819, copyright © 2021, with permission from Elsevier.

把不可能变为可能，是团队努力的结果

在与总理的多次交谈中，有一个故事一直萦绕在我的脑海里。谈话刚刚开始时，他曾经对我在疫苗上取得的成果表示了祝贺。每当有领导人这么说，我总会纠正他们。我告诉总理："把不可能变成可能的，是我在辉瑞的那些优秀的同事。"这是团队努力的结果。他不无欣赏地听着，然后给我讲了一个故事。

那是内塔尼亚胡在以色列军队受训和服役的早期，结业后，他被授予一个小队的指挥权。他发现，与他竞争的另一名军官被分到的小队，士兵的身体素质更好、能力更强，而他要指挥的小队，士兵的身体条件却不那么出色。后来，他向比他级别更高、经验更丰富的哥哥约纳坦抱怨："看看我有多惨，他们没有把优秀的士兵分给我。"

约纳坦告诉弟弟："毕比，切记：士兵没有好坏之分，指挥官才有好坏之分。"

总理的哥哥是特种部队的一名指挥官，1976 年在乌干达恩德培国际机场解救人质时以身殉职，年仅 30 岁。

2021 年 6 月 13 日，经过漫长而激烈的角逐，以色列总理一职由内塔尼亚胡的前参谋长纳夫塔利·贝内特（Naftali Bennett）出任。贝内特组建了一个联合政府，由在政治等多重问题上反对内塔尼亚胡的多支政党组成，政治立场多样。然而大家从一开始就清楚地认识到，在战胜病毒的问题上，新旧政府之间几乎不存在任何分歧。与贝内特的对话延续了与内塔尼亚胡的对话风格，辉瑞的科学家和研究人员也继续与以色列科学家合作，仿佛选举从未发生。尽管顶层部长的人员配置随着政府的更迭发生了改变，但双方在这个重大项目上的合作未受到任何影响。

6 月底，也就是出任总理大约两个星期后，贝内特本人与我们进行沟通。以色列有少量即将过期的疫苗，他希望辉瑞能协助将这些疫苗转移到另一个国家，以便立即用于接种。他们原来的计划是将这些疫苗交给巴勒斯坦民族权力机构，但巴勒斯坦方在最后一刻拒绝接受，因此，这个问题需要立即解决。我们面临着诸多挑战，但我认同他的观点：因技术或官僚问题而让拯救生命的疫苗过期很不合理。在接下来的几天里，我们开始每天通过短信和电话讨论这个问题。最终，以色列与韩国达成协议，而辉瑞则协助双方完成了疫苗的转移。贝内特会定期给我打电话或发短信，讨论事情的进展情况。

辉瑞与以色列的研究合作成为一套最可靠的科学工具，可供世界评估辉瑞生产的疫苗的安全性和有效性，以及掌握疫苗接种计划对一个国家国民健康和社会经济指数的影响。每个星期二，以色列科学家都会与辉瑞的专家分享通过多种方式分析出的每个星期的数据。由于以色列的疫苗高接种率、出色的电子病例系统以及覆盖面较大的测试程序，我们得以高度精准地了解疫苗的性能，并及时观察任何潜在的变化。疫苗接种运动的收效非常惊人。以色列得以全面重启经济活动，取消大多数禁令，同时将病例数字保持在非常低的水平，尤其是保持在未接种疫苗的人群中。即便如此，以色列仍严格遵守研究合作协议，从未停止对新冠病毒感染的检测，从未停止对国民进行疾病监测，也从未停止与我们共享数据。

6 月下旬，研究人员开始注意到以色列全国各地的病例出现了骤增。凭借密切的合作和建立的卓越系统，他们能够迅速识别这些病例发生在未接种疫苗的人群中，还是属于突破性感染（发生在接种人群中的感染）。在有无症状的突破性感染人群中，他们都可以对被感染者的个人特征进行甄别。这一点至关重要。随着更具传染性的德尔塔变种的出现，感染病例逐渐增加，而我们需要迅速判断，病例的激增是由于疫苗对于这种变种缺乏有效性，还是随着时间的推移，疫苗的有效性逐渐丧失。这一点不仅对以色列至关重要，而且对全世界都有重大影响。因为如果是前一种情况，那就需要立即研制一种专门防止德尔塔变异毒株的新疫苗。分析显示，疫苗的有效性会随着时间的推移而减弱，特别是对于从 12 月开始接种疫苗的大量群体。然而，对于那些最近才接种的人而言，在预防德尔塔毒株感染及其引发的严重疾病发面，疫苗仍发挥了强大的抵抗作用。

无论科学把我们带到何处，都要跟随科学的脚步

刚开始的时候，疫苗有效性的降低仅仅引发了较低水平的感染和轻症。不幸的是，随着时间的推移和二次感染人数的增加，在首批接种疫苗的风险最高的人群中，住院率和重症病例数量也开始增加，使得是否需要疫苗加强针的问题更加迫在眉睫。长期以来，辉瑞的研究人员都在针对加强针的影响进行评估，初步结果显示，加强针在安全性和有效性上的表现都非常喜人。

以色列的数据显示，在接种第二剂疫苗大约 6 个月

后，人们的免疫力开始下降，从道义上来说，我认为我们有必要将这个信息更广泛地传播出去。辉瑞曾许诺要始终保持透明，并在整个疫情期间信守诺言。这帮助辉瑞在公众中建立了很高的信任度。现在，我们则第一次掌握了有关疫苗保护期隐患的信息。我坚持公开这一信息，要求团队在 7 月 8 日准备好一份新闻稿，详细阐述我们在以色列的调查结果。

在辉瑞和德国生物新技术公司的联合发布会上，辉瑞的发言人宣布："以色列卫生部发布的真实数据显示，疫苗预防感染和症状性发病的有效性，在接种 6 个月后会下降，但预防的有效性仍然很高。此外，在此期间，德尔塔毒株成为以色列以及许多其他国家的主要变异毒株。这些调查结果与我们两家公司正在进行的第三阶段研究一致。"

与此同时，我们也向公众公布了加强针研究得出的令人鼓舞的数据："该研究的初始数据表明，在第二次接种 6 个月后接种加强针，不仅能获得稳定持久的预防效果。而且，接种加强针对野生株和贝塔变种产生的中和抗体效力，是只完成两次接种的 5 ～ 10 倍。"

我们还表示："正因为如此，辉瑞才发布声明并坚信，根据我们迄今掌握的全部数据，在完全接种后的 6 ～ 12 个月内，接种者很可能还需注射第三剂疫苗。虽然在整整 6 个月中，完成两次疫苗接种，对感染引发的严重疾病的预防效力仍然很高，但随着时间的推移和变异毒株的不断出现，疫苗对于症状性发病的预防效果会有所下降。根据这些数据，辉瑞和德国生物新技术公司认为，第三剂疫苗或许有利于维持最高水平的预防效果。”

在过去，政客和政府会向制药公司施加压力，要求我们在最短的时间内向公众分享数据和经验。在这件事上，我们本以为及时分享数据对世界各地的政府具有重大意义，能够推动公共卫生决策的制定。万万没有想到，辉瑞发布的信息引起了美国卫生部门官员的强烈不满。

在未要求查看辉瑞的数据之前，美国疾病控制与预防中心和 FDA 便采取了破天荒的回应措施。他们发布了自己的声明，驳斥了辉瑞公布的需要接种加强针的结论。不难理解，当复杂的公共卫生挑战、政治和科学因素交织在一起时，事情会变得一团糟。辉瑞一直努力遵从一条简单的规则：**无论科学把我们带到何处，都要跟随科学的脚步，并将我们的研究结果毫无保留地公开。因此，我们才将加强针的消息公之于众。**

我认为，美国政府官员这样做是担心辉瑞的声明会加重民众对疫苗的犹豫态度。但我们看待这个问题的视角有所不同。辉瑞迄今为止所掌握的证据表明，即便在几个月后，疫苗对预防感染引发的轻症和严重疾病的预防仍然有效，只是预防感染的效力有所减弱。而最重要的一点在于，我们宣布已经掌握了一种可行的解决方案，可以解决疫苗在预防感染上的效力减弱问题，以及在对抗感染引发的严重疾病方面的效力轻微下降问题。

回想起来，在当时公布调查结果之前，我们应该跟美国相关机构打个招呼。这是我们的疏忽。我给托尼·福奇和杰夫·齐恩茨打去电话，为没有提前通知政府部门而致歉。但我强调，辉瑞的科学家坚信这些结论真实有效，并提议安排一场会议，让辉瑞的科学家向相关部门的卫生官员介绍辉瑞所掌握的全部数据。两人欣然接受。会议在两天之后举行，并取得了卓有成效的结果。美国政府方面派出多人参会，其中包括托尼·福奇、弗朗西斯·柯林斯（Francis Collins）、罗谢尔·沃伦斯基（Rochelle Walensky）、珍妮特·伍德科克（Janet Woodcock）、彼得·马克斯和戴维·凯斯勒（David Kessler）等，他们与米凯尔·多尔斯滕、凯瑟琳·詹森、路易斯·霍达尔等辉瑞的科学家一起，就这些数据进行了详细探讨。除此之外，我们也与欧洲和其他国家的卫生部门召开了类似的会谈。

在接下来的几个星期里，以色列卫生官员越发担忧突破性病例的增加，并开始加大力度对数据进行分析。贝内特经常给我发短信或打电话，一方面询问关于加强针研究的信息，另一方面也向我透露他们自己的研究成果。与前任总理内塔尼亚胡一样，贝内特也事必躬亲。他是个知识渊博、当机立断的人。7 月底，以色列的科学专家委员会提议，让 60 岁以上的民众接种加强针。在确凿实证的支持下，以色列在创纪录的短时间内采取了切实的响应措施。针对新出现的数据进行分析之后，以色列利用辉瑞现有的疫苗启动了加强针接种计划。

8 月 3 日，贝内特与我分享了一项非常重要的研究。这项研究利用以色列最大的医疗保健机构马卡比医疗保健服务（Maccabi Healthcare Services）的计算机数据库，评估了接种疫苗的时间与突破性感染发生率的相关性，并证实了辉瑞公布的结论的正确性。早期疫苗接种者的感染风险是晚接种者的数倍。截至 8 月中旬，科学委员会建议将注射加强针的接种者年龄降至 50 岁。作为世界上第一个真正开始对普通民众实施疫苗加强针计划的国家，以色列再次向世界其他国家提供了相关有效性的宝贵数据，包括加强针将疫苗效力恢复至第三阶段临床试验观察结果的能力，及其保护效果随时间推移所表现出的可持续性。8月8日至8月21日，在以色列进行的分析显示，对第三针疫苗的接种者而言，12天后，疫苗预防感染的效力恢复到了93%，对感染引发的严重疾病的预防效力则恢复到了97%。相比于接种加强针的群体，只接种两剂疫苗的人群感染德尔塔病毒的风险是前者的11.5倍。

8月份，美国政府宣布，在6～8个月前接种疫苗的免疫系统存在缺陷的人可注射加强针。此外，杰夫·齐恩茨、托尼·福奇、罗谢尔·沃伦斯基和珍妮特·伍德科克高调亮相，宣布美国政府计划于2021年9月20日推出覆盖面更广泛的加强针接种计划。

MOONSHOT

11

信任的科学，科学的胜利

The greater the difficulty,
the more glory in
surmounting it.
Skillful pilots gain their
reputation from storms and
tempests.

困难越大，
克服困难的荣耀就越大。
娴熟的舵手，
正是在狂风暴雨中赢得声誉。

爱比克泰德

古罗马哲学家

（约50—约138年）

Epictetus, AD 50–138

如果不能让公众认识到疫苗的重要，这段研究、开发、制造和配送疫苗的故事就不完整。如果我们实现了这些突破，到头来却发现公众因为对制药行业、制药公司乃至科学本身缺乏信任而拒绝接种，那可怎么办？

信任的基石

信任是基石，是患者决定走进医疗机构接受注射的基础。消费者希望买来的衣服穿在身上美观得体，希望购置的车辆在未来多年能开得顺手。但事关自己的身体和生命时，仅靠希望是不够的。《韦氏词典》对“信任”的定义是：对某人或某事的品格、能力、力量或实情的确信。“相信科学、了解科学制胜”这一我们想要传达的信息，成为我们在公众中定位的核心理念，且被视为一项需要捍卫的神圣职责。然而，破坏信任的威胁因素却让人无法忽视。

2020 年 7 月，辉瑞和莫德纳疫苗在早期临床试验中都表现出了预防潜力。这两种疫苗都将在秋季进行三期临床试验。2020 年 7 月 31 日，托尼·福奇现身美国国会众议院监督和改革委员会（The House Committee on Oversight and Reform）下辖的新冠危机特别小组委员会（Select Subcommittee on Coronavirus Crisis）。他证实，自己对美国将在 2020 年年底前研制出安全有效的疫苗持“审慎乐观”的态度，同时提醒与会者，这种疫苗将分阶段在美国推出，而不是立即投入使用。大约在同一时间，有传闻称，当时正在全力争取连任的特朗普总统可能会加速一款新冠疫苗的研发，希望在大选日之前为选民接种。英国《金融时报》8 月 30 日的报道称，在接受该报采访时，总统的 FDA 专员斯蒂芬·哈恩（Stephen Hahn）表示，特朗普总统“有意绕过正常的审批程序”。更糟糕的是，计算机黑客、政治宣传和虚假新闻助长了民众的误解和困惑。

那年夏天，辉瑞的高管团队却在深入思考比政治权谋更加重要的事情，那就是公众的信任。我们深谙民众对制药业的态度，在声誉民意调查中，制药业、烟草业与政府，位列最后三名。制药行业在过去犯下了诸多错误，落得名誉扫地的下场。因此，我们也不得不担心起公司和疫苗本身的声誉。赢得和维持公众的信任，这一点至关重要。我们知道，稳固的声誉是百年累之、一朝毁之的东西。**我们必须赢得患者的长期信任，不辜负他们对我们的期待。**

在新冠病毒感染率上升和迫切需要的疫苗即将问世的情况下，通信和政府事务不仅至关重要，也会对辉瑞“光速计划”项目的规划产生重要影响。

我们立即开始行动，积极驳斥疫苗可跳过或缩短第三阶段临床试验的观点。辉瑞虽然进展快速，但没有走捷径。而激烈的政治辩论，更是让事态雪上加霜。在我看来，压垮骆驼的最后一根稻草，是唐纳德·特朗普总统发布的一条关于 FDA 的推文。在此期间，特朗普总统在与我的每次通话中都会询问，我们对 FDA 有无异议。这让我感觉，他好像是想从我这里得到一个证据，证明 FDA 在做什么坏事。每一次，我的回答都非常明确：在这个项目上，FDA 与辉瑞的合作非常顺利。然而在 8 月 22 日星期六，他却在推文中写道：“FDA 的背后的力量或其他势力设置了障碍，阻碍制药公司招募民众对疫苗和治疗方案进行测试。很显然，FDA 希望拖延到 11 月 3 日之后再公布测试结果。**我们必须把速度和拯救生命放在首位！**”

这次“反转”真正引起了我的担忧。如果民众开始质疑 FDA 的诚信，又怎会相信他们即将批准的疫苗呢？如果疫苗在选举前获批，有些人可能会认为这是白宫施压的结果；如果在选举后获批，人们可能会认为这是拜登竞选团队施压的结果。无论哪种情况，都无助于建立人们对于批准流程和疫苗的信任，都对公共卫生有害无益。我们必须做点什么来改变这种局面。

在疫情危机期间，我与时任强生公司董事长兼首席执行官亚历克斯·戈尔斯基（Alex Gorsky）交往甚密。我们两人经常会在周末通话，讨论新冠病毒感染疫情和我们面临的挑战。我给亚历克斯打去电话，探讨了我对政治环境和政治压力的担忧。我们一致认为发表公开声明势在必行。我们应当起草一份声明，向全世界保证：辉瑞生产的疫苗临床试验绝不走捷径。

“我草拟一份文件发给你。”我对亚历克斯说。

我打电话给萨莉·萨斯曼，决定用一个周末的时间起草一份公开声明，由包括我在内的生物制药行业领导人联名签字，齐心合力捍卫科学，并将负责公共安全的监管机构也团结起来。政客和评论家或许会主张在声明中弱化科学方法的分量，但我们不会。我们在承诺中写道："FDA要求，获得监管部门批准的科学证据必须来自大规模、高质量的临床试验，遵循随机原则和针对观察者采用盲法原则，并采用设计合理、由能体现人口多样性的大量参与者参与的研究。"我们承诺，永远将疫苗接种者的安全和福祉奉为首要任务；在疫苗的临床试验和研制生产方面，继续坚持科学和道德的高标准；设计和组织符合FDA等专业监管机构要求的三期临床试验，证明疫苗的安全性和有效性后，才会申请批准或紧急使用授权；努力确保充足的疫苗供应和广泛的疫苗选择，包括适于全球使用的疫苗。

我把承诺书的草稿发给了亚历克斯，他只用了几个小时，就把做了几处修改的草稿发给了我。承诺书准备好了。我们将待联系的生物制药公司首席执行官名单分成两部分，分头联系。每个人都答应了我们的请求。9位首席执行官都在承诺书上签了名，他们分别是阿斯利康、德国生物新技术公司、葛兰素史克、强生、默克、莫德纳、诺瓦瓦克斯（Novavax）和赛诺菲公司的首席执行官，以及我本人。9 月 8 日，我们公开发表声明，在美国 14 家大型日报上刊登了整版广告。此举向公众传递出一条明确而清晰的信息：我们的敌人是病毒，制药行业和 FDA 将公共安全放在首位。这一承诺平息了绕过第三阶段临床试验的争论，捍卫了辉瑞在疫苗安全性和有效性方面的声誉。在对候选疫苗进行全面测试和分析的问题上，辉瑞坚决不能妥协。

我们并没有就此止步。通过这件事，我们决定将辉瑞翔实的临床试验方案对外公开。对于这个决策，辉瑞的众多科学家在私下展开了激烈的辩论。

“这是一份只有科学家才能看懂的具有高度科学性的文件。公开又有什么意义？我们是不是开了先河，表明从今往后，我们有义务把所有研究方案都公之于众？”

我明白，大家的担忧是合理的，但我们坚持认为，公开透明有助于人们建立对疫苗的信心。《英国医学杂志》（*The British Medical Journal*）提到，这一举措“提供了一个难得的机会，让这些重要试验接受公众的审查”。

辉瑞的首席开发官罗德·麦肯齐负责监督临床试验，

为捍卫患者和透明度坚持不懈地发声。作为首席企业事务官的萨莉·萨斯曼提醒我们，公众的情绪非常敏感，想要引导对话的走向，我们必须进一步采取措施。

在萨莉及其团队的支持下，我提升了自己的公众形象。地方、州、保留地和联邦政府都因疫情而忧心忡忡。我没有委托工作人员处理政府官员打来的电话，而是亲自接听。5 月，皮尤研究中心（the Pew Research Center）发现，美国民众对新冠病毒感染新闻报道的积极态度多于消极态度。他们认为，媒体对这场危机的报道改变了公众的消极态度。罗伯特·伍德·约翰逊基金会（Robert Wood Johnson Foundation）和哈佛大学公共卫生学院随后进行的一项民意调查显示，相比于公共卫生机构和政府部门，美国民众更信任护士、医护人员和医生。这也是一个信任的空白区。对于媒体的采访，我不但不会拒绝，反而欣然接受。

这是一种巨大的转变。许多年来，辉瑞的首席执行官鲜少在公众面前露面。事实上，上一位以正面形象登上主流杂志封面并高调示人的辉瑞首席执行官，还是 2001 年退休的小比尔·斯蒂尔（Bill Steere, Jr.）。为了建立信任，我需要增加曝光度，准备好回答记者和民选领导人提出的尖锐问题。我从单纯地回应询问，转变为积极参与每日新闻圈。在疫情流行的早期，我接受了《福布斯》关于新冠疫苗计划的深入采访。这篇封面报道提及批评人士认为我的时间计划不切实际，而这篇报道却深入阐释了辉瑞自己的观点。当时的封锁禁令来得突然而严苛，以至于一张照片是在我匆忙改造成临时工作室的车库里拍摄的，另一张照片则是摄影师站在窗外为我拍摄的，我坚定地环抱双臂，窗外的树影映在窗户玻璃上。

在事态最多变难料的时候，要相信科学的力量

2021 年夏天，辉瑞发起了一项公益活动，口号是“消除临床试验中人口多样性不充分问题”，这项活动鼓励多样性群体参与，让他们的特征在临床试验中得到体现。4 月 15 日，在疫情肆虐期间，辉瑞的团队在《今日秀》（*Today*）节目中播放了一条主题为《科学必胜》（*Science will win*）的 60 秒宣传片，为科学以及致力于研制疫苗和治疗方法的科学家摇旗呐喊：

在事态最多变难料的时候，我们将目光转向

了最确定的事情：**科学。**

科学可以战胜疾病，创造解药，没错，科学还能够战胜疫情。

从前如此，今后亦如此。

因为在面对新的对手时，科学不会退缩，而是会加速前进，在寻得想要的结果前不断发问。

这，就是科学的力量。

因此，辉瑞正在利用科学、释放科学的威力，汇集研究、专家和资源，全力推进潜在疗法和疫苗的实现。

其他的公司和学术机构，也在做着同样的事情。

整个全球科学界都在并肩作战，一起战胜疫情，辉瑞利用科学，加速胜利的实现，因为科学的胜利，也是我们每个人的成功。

在宣传片的结尾，辉瑞实验室里的一名工作人员表达了感谢："我们向所有在辉瑞以及世界各地的实验室为结束这场全球健康危机不懈努力的科学家，表示由衷的感谢。"那年秋天，辉瑞在这个时长为4分钟的短片中向观众展示了研发的幕后工作。短片名为《竭尽全力，抗击新冠》（*No Stone Left Unturned in the Fight Against*

COVID-19）。在片中，辉瑞的科学家用自己的语言解释了他们正在做的工作。

10 月 16 日星期五，即总统选举的两个星期前，我面向世界各地急切等待疫苗消息的数十亿民众和数千名领导人写了一封公开信。我想说明的是，虽然读取第三阶段临床试验重要数据的日子已经临近。但是，要等到 11 月的第三个星期才能到达安全里程碑，也就是选举之后。到了那时，辉瑞才会申请紧急使用授权。这封信所在的页面，获得了辉瑞官网有史以来最高的阅读量。

在世界卫生组织宣布新冠病毒感染疫情已经构成大流行一周年之际，辉瑞携手《国家地理》发布纪录片《可能的任务》（*Mission Possible*），带领公众探秘研究人员的幕后工作，让大家看到和听到那些使疫苗成为可能的人的面孔和声音。从很多方面而言，你正在阅读的这本书，也是这次尝试的一部分。

增加开放和透明度是一个正确的决定，也将继续被纳入辉瑞的战略之中。2021 年，公众接种辉瑞生产的疫苗变得越发便利。爱可信哈里斯民意调查（Axios Harris Poll）显示，与 2019 年全球疫情前相比，民众对制药行业的好感度翻了一番，已可与科技和制造业比肩。辉瑞自己的分析表明，民众对辉瑞的好感度激增。辉瑞的整体可信度出现了显著提升，在行业中脱颖而出。随着时间的推移，刺突蛋白成了家喻户晓的名词。辉瑞进入了流行文化，成为《星期六夜现场》(*Saturday Night Live*) 中备受欢迎的主题。

《广告时代》(*Ad Age*) 杂志写道："长期以来，辉瑞都是疫苗品牌知名度的最大赢家，遥遥领先于其他公司。"文章针对品牌在竞争激烈的市场中取得成功提出了5条策略，突出了辉瑞对公开度和透明度的重视，以及将消费者纳入产品本身的政策。

对于我和团队而言，看到辉瑞的名字出现在这些"最佳"榜单上并获得赞誉，不仅觉得意义深远，也获得了巨大的满足感。我们的人气可能会转瞬即逝，但对公众信任的承诺却是永恒的。这种承诺必须明确、一贯且言出必行，必须由公共部门和私营部门共同做出。媒体也在其中发挥了作用。2020年1月的一项针对媒体报道和制药行业声誉的分析表明，新闻报道的侧重点偏向于并购、重组和财报等商业因素，而不是科学。这场全球疫情让给我们看到，对科学进行更多且更深入的报道，这一需求非常迫切。

我怀着极大的谦卑之心，于2021年3月22日获得了“唤醒良知奖”①（Appeal of Conscience Award）。在开幕致辞中，我向奖项创始人亚瑟·施奈尔（Arthur Schneier）拉比②致谢，感谢他创建的机构树立了典范，指导人类应该如何相处。该奖项生动地证实了爱的力量，也提供了一种让世界变得美好的强大威力。通过爱，我们促进相互理解，相信每个人都值得被看到、被听到、被关爱。这才是信任得以生根发芽的沃土。

要说通过疫苗，我们对公众认知有了哪些新的认识，那就是想要获得良好声誉，唯一的途径就是依靠辉瑞的使命，也就是“为患者带来改变其生活的突破创新”。在捍卫这一使命上，辉瑞人将一丝不苟、毫不松懈。

---

① 唤醒良知奖创立于1965年，授予具有社会责任感的高瞻远瞩的企业高管，鼓励他们利用资源和广泛的影响力更好地服务于国际社会。——译者注

② 拉比是犹太人中的一个特别阶层，通常为有学问的人，可理解为智者。——编者注

MOONSHOT

12

患者第一，创新先行

What you leave behind is not what is engraved in stone monuments, but what is woven into the lives of others.

你留给后世的，
不是镌刻在石碑上的铭文，
而是编织在别人生活中的素材。

伯里克利

古希腊著名政治家

（公元前495—前429年） Pericles, 495–429 BC

1961年5月25日，肯尼迪总统向国会宣布："我认为，这个国家应该致力于在这个十年结束之前实现人类登月并安全返回地球的目标。"1969年7月24日，这项任务终于实现。然而从许多方面而言，随着人类对月球以外宇宙的探索，登月计划仍在继续进行，拜登总统向全国发出号召，共同拥抱以科学为基础的未来。

同样，属于辉瑞的"登月计划"这一奇迹之旅也在继续。2021年5月4日，也就是我们取得突破的6个月后，我在季度财报中向同事和股东表达了对辉瑞的无上自豪。那一天，我们正按照原计划，努力在年底前生产出25亿剂新冠疫苗，并预计在2022年生产30亿剂。另外，我们也证明了辉瑞的成绩并非昙花一现。除去新冠疫苗带来的收入，辉瑞在2021年第一季度的营业收入增长了8%。

不仅如此，辉瑞还达成了几个重大的临床、监管和商业里程碑。为了找到一种安全有效的疫苗，辉瑞押下了巨大的赌注。科学果然赢得了胜利。

关于如何充满激情、卓有成效地推动创新，以及如何为这么多人的生活带来改变，辉瑞积累了诸多经验。在前文中，我探讨了辉瑞于重压下在科学、技术和商业领域采用的开创性方法。在新冠病毒面前，人人都有感染的风险，因此大家才会齐心协力地寻找治疗方法。然而，大多数疾病并不会影响到每个人，这往往导致人们在开展医疗保健工作上缺乏默契，引发低效与不公。在本章中，我将通过 5 条建议，展望辉瑞如何将既往学到的经验用于未来的创新，为患者带来更好的体验。

建议 1：改善获取渠道和报销机制

我们必须推行减少患者自费支付的政策。成本正在上涨，而整个社会却将多出的成本转嫁到了患者身上。以美国为例，联邦医疗保险的D部分[①]没有规定自付费用的上限，因此，需要接受免疫和基因治疗等定制疗法的患者，或许需要支付高昂治疗费用的至少5%。对于许多家庭来说，这是一笔巨大的负担。一些生物制药公司所投资的研究侧重于寻找创新药物，而这些药物或许只能为一小部分患有特定疾病的患者使用。由于患者数量少，治疗费用有可能非常高昂。美国社会和制药行业，应该如何分摊这些成本，从而避免这些负担不公地转嫁到患者的身上？

此外，我们该如何确保患者的反馈得到医保支付方的妥善权衡和考量？其中的一种方法就是，增加患者倡导组织在“卫生技术评估”决策中的参与度。卫生技术评估是政府和其他医保支付机构评估特定药物或技术影响的机制。我们需要更多具有特定标准或方法、能够评估患者实证的卫生技术评估机构。欧洲的卫生技术评估机构运用复杂的公式，通过一个极尽繁杂的过程计算成本和收益，从而得出药物的感知价值。但是，这个公式没有考虑到患者的福利，比如一位父母能否继续照顾自己的孩子，或者一位上班族能否继续获得上班带来的尊严感。通过最为严

① 该内容为联邦医疗保险计划的一个选项，帮助受益人利用保费支付处方药费用。——译者注

苛的公式，这个机制只能审查医疗系统所承受的直接成本。而我们认为，**患者的健康和生产力也应该被纳入考虑范围。**

除此之外，我们也需要基于价值的定价和支付模式。这种做法能为实施基于价值的医疗合同减少障碍。通过与政府合作共创新的定价和支付模式，我们可以加速这一目标的实现。我们可以证明，某种药物或治疗节省了 *X* 美元的医疗保障服务成本，为生产力带来了 *Y* 美元的增长；患者的生命得以延长，住院时间缩短。那么，我们该如何更好地体现这些切实的收效呢？

虽然富裕国家的医疗系统经常会低估药物给患者带来的好处，但这些医疗系统往往资金充足，并会将资源分配给医疗系统中效率较低的部分。但在许多中等收入和低收入国家，由于支撑医疗保健的基础设施不足，这些国家的患者没有渠道获得许多创新药物。各国政府和私营部门需要并肩合作，弥补这一资金缺口，这一点至关重要。正因如此，辉瑞努力促进政府和社会资本合作，发展商业健康保险系统，以便补充发展中国家的基本医疗保健和报销主体的资金缺口。例如不久前，辉瑞与中国平安保险公司和南通市政府合作，开发了一个试点项目，为南通市 100 万民众提供商业健康保险。这些政策将作为对中国公民基本医疗保险的补充，而不将已有病史作为投保的限制条件，从而为那些原本没有机会获得这些突破性药物的患者提供治疗肿瘤和罕见病的创新药物。

在辉瑞业务所及的每个国家，我们都在努力与患者及患者倡导组织合作，制定并颁布创新政策，以改善患者的就医和报销条件。

建议 2：建立对知识产权的支持

我在前面的章节中写到，辉瑞曾经面临和正在解决的知识产权保护方面的挑战，为我平添了许多烦恼。在写作本书时，与新冠病毒感染相关的专利风险不仅仍然存在，且解决此类问题已迫在眉睫。

展望未来，辉瑞必须在全球范围内让民众对专利保护的必要性形成基本认识。我担心我们还没有找到有效的信息来普及这一关键问题的相关知识。我们传递的信息听起来往往就像制药行业协会小册子上的内容一样枯燥。

其中的基本原理很简单：**知识产权是保护各种不同创新发明的关键因素**。在法律框架内，以专利权为首的知识产权允许发明者在一段时间内独占其知识产权的使用权，从而享受创造带来的收益。政府建立和实施知识产权保护，主要是为了刺激知识密集型领域的创新，并鼓励人们通过知识创新创造好用的产品和服务。知识产权的建立和保护，体现了一种能够提高发明者和社会利益的平衡。事情就是这么简单：取消了激励，创新也就无从谈起。

通过我自己的科学家背景和多年的商业领导经验，我明白强大的知识产权体系有助于培养一种创新文化，在这种文化中，创新者可以开发新产品和新技术，并坚信自己的发明和创意是安全的。也就是说，他们可以安心地与合伙人和合作者分享这些知识和发明。

在这种文化中，生物制药创新者、政府、大学和其他研究伙伴之间加速合作，应对未得到满足且最为迫切的医疗需求。在本次全球疫情结束后很长一段时间，知识产权将继续发挥至关重要作用，确保全球各地制订好创新解决方案，应对未来的全球健康危机以及其他紧迫的医疗保健需求。

建议 3：为科技和人工智能的未来铺路

我们会继续将辉瑞和整个行业的“科技加速”（techceleration）作为重中之重。数字研发是一个快速发展的生态系统，有可能减少创新阻碍，为新型医疗产品和疗法拓宽市场。在数字研发中，人工智能 / 机器学习、互联设备和传感器是最常使用的杠杆科技。潜力最大的领域为临床试验领域，范围涵盖了试验设计、试验操作以及数据收集等所有环节。但除此之外，这些科技也被用于研发过程、制造和产品生命周期管理。

数字化转型让我们不仅能够心怀高远，也有余裕梦想高远，我们可以问问自己，如果……世界会是什么模样？如果数据和数字工具可以彻底颠覆预防效果、患者赋权以及研发和制造的速度，世界会是什么模样？如果科学和技术的融合被妥善加以利用，从而实现更好的健康效果，世界又会是怎样的光景？

例如，我们可以想象为患者匹配定制治疗方案，实现效果的最大化，并改善患者的生活质量。这种治疗方案可以对患者进行长期跟踪，确保达到这些疗法所承诺的健康效果，而如此丰富的数据全集，则有可能带来新的发现和更加完善的疗法。将突破性药物的威力与数字治疗相结合，可以让患者取得更好的健康效果，并为医疗专业人员提供更好的连续护理流程①。治愈性疗法可以降低慢性病为卫生保健系统带来的总体影响和成本。这可能会改变研究人员针对患者采取的治疗方案，并影响医疗保健提供者组织护理和提供服务的方式。针对这些治愈性疗法的开发、营销和定价，生物制药部门需要掌握新的数据和分析能力。而全新的 mRNA 技术，则能够推动疾病的预防和早期检测。

辉瑞在 mRNA 疫苗技术方面取得的突破，或许能让一种疫苗提供针对多种疾病的防护，减少可预防疾病所需的疫苗注射次数。此外，癌症研究正在研究如何使用 mRNA 诱导免疫系统产生免疫反应，从而杀死特定的癌细胞。研究人员可以利用先进的数据分析和高性能计算能力，识别与病因和疾病早期征兆相关的规律，并推动预防疾病的干预措施。由于医生可以通过数字渠道迅速获得相关信息，因此，此举也对在世界各地建立更公平的医疗系统起到了促进作用。

① 综合护理系统概念，通过覆盖全面的健康服务，在一段时间内对患者进行指导和跟踪。——译者注

建议 4：为患者赋权

如果患者有权选择何时以及如何参与治疗，并为获得更好的健康效果而保持信息互通，这会带来怎样的收效？在这样一个平台上，消费者 / 患者能够轻松收集、获取和管理自己的健康信息，从而持续评估自己的健康状况，并了解个人健康最重要的基础驱动因素。个性化的指导和诊断能使患者最大限度地提高自己的健康水平，预防疾病，并最终在需要的时间和地点获得适当的护理，从而在与疾病的斗争中将积极效果最大化。数字解决方案可以帮助那些希望与医疗保健提供者共享信息的患者（利用生物传感器，对生物化学标志进行非侵入性测量，获得持续且实时的生理信息），使医生在类似车辆“检查引擎灯”的警告被触发时联系患者。

如果患者可以将样本放在自家门口，跟踪路径，并在得出诊断结果时收到通知，这种模式可能会带来更大的便利，甚至会加快诊断速度，确保尽早治疗，从而获得更好的健康效果。相比于患者被新的诊断方法搞得晕头转向，如果我们能够主动找到某个患者进行试验，就可以推动临床试验的多样性和便利性。将护理 / 治疗的流程仿照旅行行程单的式样呈现，可以让患者更好地了解每个阶段要花费的时间和费用。患者在治疗过程中若能轻松地与亲友（例如，家人、朋友以及当地的支持服务机构）分享这些行程，便能更好地坚持治疗，从而获得更理想的治疗效果。如果患者能够利用私人设备来协助管理自己的治疗过程，便能够更好地掌控自己的健康状况。如果患者惯用的设备不仅能指导何时就医，还能告知就医前一晚的饮食禁忌，以及该为缓解就医后的不适做哪些准备，会带来怎样的治疗效果，那会获得怎样的成效？如果患者能够在有疑惑时发出信号，并能随时从机器或专家人士（如药剂师）那里获得帮助，例如获得区分不同药片的方法、了解饮食禁忌或测试结果的含义，那会获得怎样的收效？如果患者接受治疗时分享的信息，会影响到医疗生态系统成员获取奖励的方式（如依靠电子临床结果[①]实现价值型医疗[②]），也就是奖励那些对患者的生活产生积极意义的治疗和交付模式，公布效果欠佳的领域，并凸显未满足的需求，供感兴趣的人士作为未来的研发方向，又会产生怎样的效果？

---

① 电子临床结果是指通过电子渠道收集的患者报告结果，来自患者对自身健康状况、功能状态以及治疗感受的报告。——译者注

② 价值型医疗是一种全新的医疗保健系统框架，其首要目标是为患者提供价值，以提升医疗质量、医疗效果和降低医疗费用为核心。——译者注

我们可以让为试验提供数据的患者成为公民科学家。患者可以更多地参与他们最关心的研究（例如数据捐赠）的推进工作，也可以通过提供更多或不同数据，为科学添砖加瓦。**根据消费者 / 患者的数据价值（如某个新发现中的股东）提供相应的奖励，有助于推动参与度，带来更多的科学突破。人类通过这些可能性将实现深远的影响，让我们拭目以待。**

建议 5：创新，永不停步

以这些“如果”问题为基础，辉瑞首席开发官罗德·麦肯齐进一步发问：“我们为什么只能在新冠病毒感染上进行突破？”罗德是一位充满激情的科学家，来自苏格兰西部，有一口正宗的苏格兰口音。他先是就读于故乡的格拉斯哥大学，后在伦敦帝国理工学院和纽约哥伦比亚大学学习有机化学。与我的执行领导团队的每个人一样，疫情期间，罗德也抱有明确的工作目标。我为他制订的目标是在监管制度上引发一场革命。辉瑞生产的疫苗的接种人数从数百万上升到数十亿，而“为什么只能在新冠病毒感染上进行突破”这个问题，也成为他的口头禅。

我们为何不将新冠疫情中积累的经验应用到癌症和其他疾病上？为什么要退回过去的标准，默默忍受仅仅与监管机构安排一次会议就需要两个月的标准流程？为什么不能多管齐下，同时处理更多研究、开发和制造流程？每天都有患者因各种疾病离世，而辉瑞的研究人员必须在不久的将来找到预防和治愈这些疾病的方法。

改善临床试验，更好地为所有患者服务，采取行动，事不宜迟。特殊时期要求我们拿出特殊的行动。但如果我们将目光投射到当前的疫情之外，便会发现一些令人不安的问题：既然能对新冠病毒感染患者采取如此卓越有效的举措，那么对于身患癌症、让人生受限的自身免疫疾病、致命的遗传疾病以及其他拥有各种重大医疗需求的患者，辉瑞又怎能不采取相同的措施？在撰写本书时，新冠病毒感染造成的全球累计死亡人数已超过 500 万。这是一个令人毛骨悚然的数字，并且将继续攀升。而每年死于心血管疾病的患者大约有 1 700 万人，死于癌症的患者则超过 1 000 万人。难道，这些病人就不该得到我们的同等关注吗？利用新冠疫苗项目的经验和临床开发流程优化成果，辉瑞在 2020 年 9 月做出了四大公开承诺（见图 12–1）。

图 12-1 辉瑞的四大承诺

注：a. 科睿唯安（Clarivate）旗下 CMR 国际研究中心发布的“2015—2019 年研发项目标准”。衡量时间为首剂药品生产出来到首次获得批准。b. 辉瑞依据 Decision Resource Group 于 2018—2020 年发布的疾病背景及预测数据做出的估计。

资料来源：辉瑞。

当然不是。尽管如此，直到一场波及医疗、经济和社会的全球疫情来袭，资方、临床研究人员和监管机构才懂得团结一致，全力提高速度、质量和规模。

反思疫情，在全球疫情应对措施仍在施行的当下，我们认为，生物医学界必须抓住这个机会，承诺为所有患者的福祉做出改变。既有惯例因一场全球危机的迫切压力而消融，给予了辉瑞一个得天独厚的机会。想想看，有多少可能性摆在面前。生产部门预计，只需保持辉瑞努力达成的新冠疫苗和治疗药物开发速度的 10%，生物医学企业也能在未来 10 年实现突破，服务 1 000 万～ 2 000 万名患者。只需提高 10% 的速度，就能将服务的患者人数增加 1 000 万～ 2 000 万名。

在此讨论的拟议方案并非力求详尽无遗，且其中的任何一项都并非从零开始，但我们希望这些内容能够激励大家及早采取全面的行动。

希望在疫情之后，辉瑞可以结合并拓展这些理念，围绕人类健康的未来发展，开启一场新的对话。

开启属于你的奇迹之旅

2021 年 8 月 23 日，我要在每个星期一上午的执行领导团队会议上致开场词。我和团队准备就绪。而上午 8 点 59 分，我突然收到了一封电子邮件。发件人是埃丽萨·哈金斯·塔尔（Elisa Harkins Tull），她是辉瑞宾夕法尼亚州科利奇维尔工厂的全球疫苗监管部门高级主管，邮件的标题是“辉瑞 COMIRNATY [①] 疫苗（新冠病毒 mRNA 疫苗）通过生物制剂许可证申请”[COMIRNATY (COVID-19 Vaccine, mRNA) BLA APPROVED]。

① 辉瑞和德国生物新技术公司联合研制的新冠疫苗商品名。——译者注

千言万语，都在埃丽萨的邮件中。

亲爱的各位：

我谨代表辉瑞和德国生物新技术公司疫苗监管团队告知大家，COMIRNATY®（新冠病毒mRNA疫苗）的生物制剂许可证申请（Biologics License Applications）已经获批，适用于16岁及以上的群体使用！！这是我们的新冠疫苗首次获得全面授权。批准函请见附件。

这一目标以惊人的速度实现。这并不是因为这种疫苗比其他疫苗的生物制剂许可证申请提交的证据要少，也不是因为辉瑞在审查过程中走了捷径。之所以能以如此快的速度通过申请，得益于辉瑞、德国生物新技术公司和FDA大批同仁的全力以赴、决心和孜孜不倦。

- 生物制剂许可证的首轮申请于5月6日提交。
- 生物制剂许可证的最终申请于5月18日提交，倒计时开始。

- 生物制剂许可证申请被授予优先审评认定（Priority Review Designation），行动日期为2022年1月18日。
- 今天，我们的生物制剂许可证申请终于通过！

除此之外，COMIRNATY®疫苗还获得了紧急使用授权，可供12～15岁群体使用，12岁及以上被确诊有某种免疫损害的人可注射第三剂。之所以申请紧急使用授权，是为了在这款疫苗进入市场时，让这些人群有条件接种带有COMIRNATY®标识的产品。授权委托书见附件。

感谢所有为此事业做出贡献的同事，你们的努力意义非凡！

向所有人表示诚挚祝贺！！！

埃丽莎的邮件被转发给了公司的431个人。2022年早些时候，为了简化流程和清理大家的收件箱，我设定了一个新的规范，即不要使用“回复所有人”功能。而在这个重要的时刻，许多人却无视我的指示，将充满自豪和喜悦之情的信息回复给所有人。我没有因此而责怪他们。

当然，这次全面批准是意料之中的事。尽管如此，这次获批对应的历史意义和它带来的震撼人心的感动，仍是我始料未及的。我立即给辉瑞的所有同事发了一封感谢邮件，给“光速计划”项目团队的成员发了一封，又给部分表现卓越的个人单独发了邮件。另外，我也给我那出色的执行领导团队发了一封简短的邮件。

敬爱的执行领导团队的同仁：

这是一段多么不可思议的旅程！早在我们于2020年3月决定研发新冠疫苗时，几乎没有人相信我们能在不到一年的时间内生产出一款疫苗，并在不到18个月的时间内获得FDA的全面批准……但是，你们做到了。你们信任科学。你们信任公司的员工。你们信任公司的使命。除此之外，你们还信任彼此。

感谢大家的领导力、才干和友谊。没有你们的专业知识、勇气和牺牲，我们绝不可能以如此高速取得成就。这段旅程还远没有结束，但有这支队伍指引前路，我坚信，科学必将取得胜利！

感谢大家！

阿尔伯特敬上

一整天，我的电话、电子邮件和表达感谢的短信接连不断。同事们也是如此。一位父亲写信表示终于能安心让孩子们接种疫苗了；一位企业家对一家传统大型制药公司能够走在科学前沿，并且如此迅速地采取行动表示敬畏。每一份感谢都让我感动。那天下午，我接受了几次采访，包括美国全国广播公司（National Broadcasting Company，NBC）新闻部门主播莱斯特·霍尔特（Lester Holt）的访谈。在过去几个月里，我与他进行过很多次对谈。

两件让我受益终生的事

那天晚上，我终于回到家，享受了片刻的宁静。反思过往，我明白了两件事，这两件事将令我受益终生。

第一件事是，辉瑞突破性疫苗的问世，源于私营部门

推动的杰出前沿科学与政府合作的罕见结合。令人惊叹的是，2020 年，mRNA 成了一个家喻户晓的名词。普通人像追捧广受欢迎的运动一般密切关注科学动向。而我们的社会必须继续重视和尊重科学。在我看来，那些多年甚至数十年如一日研究科学和人类健康、为科研事业倾尽一生或为了取得创见而埋首数据的默默无闻之人，都是英雄。我们也必须继续像对待英雄一样对待他们。期待有一天，学校里的孩子们能像熟悉娱乐和体育明星一样，对顶尖科学家的名字和长相如数家珍。

辉瑞的董事会中有 5 位杰出的科学领袖，这让作为科学家忠实信徒的我倍感荣幸，其中 3 位是我在担任首席执行官后招进辉瑞的。正是由于他们在辉瑞的董事会中占有一席之地，辉瑞才发展得越来越好。医学院的申请人数不断增多，这让我很是欣慰。美国医学院协会（American Association of Medical Colleges）的数据表明：在约 24 所医学院中，申请人数至少增加了 25%。“9・11”袭击事件之后，美国许多年轻人选择参军卫国。同样，为了抗击疫情，今天的毕业生也正选择在科学和医学领域就职。我为他们的崇高追求喝彩，也迫不及待地期待看到他们取得辉煌成就。

在过去的 18 个月里，Science Will Win 成为辉瑞人的座右铭。我们把这句话印在 T 恤上和口罩上、贴在总部大楼外，有时还会在“光速计划”项目例会结束时大声喊出这句话。我要坚持将这句话作为团队的战斗口号。

我们要永远铭记，企业有能力产生重大积极的影响。作为创造力的引擎和机遇的渠道，企业扮演的角色至关重要。商界的压力迫使商人迅速发现和适应新技术，提高效率和生产力。创业和创新是齐头并进的。

有时，我会听到年轻人用“黑暗面”这个词来形容商业世界。我也曾年轻过，因此理解这种普遍的误解来自哪里。置身商界的 30 载岁月让我看到，一家资源充足、领导稳健、以解决方案为基础的公司，具有不可思议的积极能量和威力。我之所以从学术界转入辉瑞并从未回头，原因就在于此。辉瑞之所以能够成功，关键因素之一就在于辉瑞人极强的灵活性，从而迅速而独立地采取行动。

我将继续积极参与美国商业圆桌会议等组织和其他论坛，这些场合为我提供了与商业领袖同仁会面的机会。没有人能永远保住自己的位置。我们必须不断拓宽思路，考量如何为公众的利益做出贡献。若想要吸引顶尖人才，我们就更要要求辉瑞做出重大承诺，而自己也要做出牺牲。

另外，辉瑞也必须寻求与世界各国政府合作的途径。在我看来，有机会与来自世界各地不同政党的政府民选领导人会面，是莫大的荣幸。当电话在深夜或凌晨响起时，我从来不会生气，因为电话的那头，是一位急于为民众寻找疫苗的民选领导人或卫生官员。我在前文中提到，这些人中的一部分，现在已经成了我的朋友。作为一名政治历史爱好者，我承认，我喜欢结交这样的朋友。

将科学、私营部门和政府的光辉聚合在一起，这是我们在新冠病毒感染疫情中取得成功的秘诀，也是解决未来其他危机的关键。

辉瑞之所以能在 2021 年 8 月 23 日获得那个意义重大的生物制剂许可证申请，全凭我们在启动疫苗研发几年前为加强辉瑞企业文化所进行的一系列变革，那时，我们对这场疫情还毫无预感。这是第二件事。这些变革依靠的不仅仅是我们对创新的关注，也不仅仅是为增加数字技术和研究资源所进行的投资。诚然，这些投资意义重大，但我们所做的影响力最为深远的变革，是培养一种以目标为导向的企业文化。

在人生旅程的每一步 都问自己三个问题

在所有行业中，忠于使命的公司业绩都要比不忠于使命的公司优秀得多。以使命为核心，就是在向由多层级构成的企业发送一个非常明确的指导信息。这种清晰的信号将每个人更好地凝聚在核心任务的周围，齐心协力提高生产力。

以辉瑞的情况为例，辉瑞的使命是拯救生命，这是一个崇高的目标，也让凝聚人心的热情更加高涨。在我们创造出的这一企业文化的指导下，我们抱着正确的心态，让辉瑞得以像小型生物技术公司那样敏捷和高速地推进，给世界带来一款突破性疫苗，为千万民众的生活带来了天翻地覆的变化。**无论你是领导者还是团队成员，我都鼓励你在人生旅程的每一步问自己以下三个问题：**

- 我是否忠于自己的使命？
- 我的目标是否足够高远？
- 我是否怀着正确的心态？

在将不可能变为可能的过程中，我们团队的每一位成

员都对这些问题给出了肯定的答案。现在，公司里的每个人也想在自己负责的人类健康领域实现一次奇迹之旅。我们梦想着，在不久后的将来，许多疾病都能得到预防或治疗。每个人都已蠢蠢欲动，而窥到了这广阔的可能性之后，我们更是跃跃欲试。

没说出口的尚有千言万语……像辉瑞的很多人一样，我会用余生来讲述这些故事。身处这个艰难的时期，经历了这么多的苦难，在这样的环境中，能心怀如此强烈的使命感与大家并肩战斗，是莫大的荣幸。

本书以时年 97 岁的美国前总统吉米·卡特的精彩序言开头，同样，我也想以此作为收尾。卡特总统的一生硕果累累，撰写了 30 多本书（对于只写过一本书的我而言，这简直就是个“天文数字”）。卡特总统曾在海军服役，然后成为一名成功的商人。他是一位曾担任美国政府最高职位的政治家，也是一位真正的人道主义者和慈善家。他创建的卡特中心与辉瑞合作，为最弱势的群体提供医疗服务。他曾在非营利性慈善组织国际仁人家园（Habitat for

Humanity）[1] 做义工，还在主日学校教了几十年书。我钦佩他，并从他的话语中汲取养分：“我只有一次生命，只有一次机会为这生命赋予意义……我的信仰要求我尽己所能，无论身在何时何地，都要尽我所能、坚持不懈地努力发挥作用。”这句话，真是说到了我的心坎里。

我已尽我所能，按照自己的记忆忠实还原书中记录的事件和经历。我试着重述自己的谈话，唤起当时对话的真实感受和意义，但这些内容毕竟基于我的回忆，而并非意在作为逐字逐句的记录。一些人读过本书的初稿，并依据他们掌握的信息证实了本书内容的准确性。

在 2021 年夏天写这本书时，世界仍在与新冠病毒及其变种毒株进行斗争。辉瑞的领导者仍然置身于生产疫苗的最前沿，并在全球各地助力疫苗的使用。在这场正在发生和迅速演变的全球疫情中，我的故事所捕捉的，仅是一个小小的瞬间。

---

① 国际基督教服务组织，帮助需要住房的民众通过互助系统构建家园，由社区的家庭组成储蓄小组，共同储蓄足够的资金盖房。——编者注

感谢那些意想不到的机遇，以及始料未及的责任

我从未想过，自己居然会写一本书。领导辉瑞研制新冠疫苗的工作，不但创造了许多意想不到的机遇，也带来了始料未及的责任。其中之一，就是为未来的领导者记录我们的旅程，以及书写记录近 9 万名同事取得的伟大成就。本书讲述的，就是他们用坚持不懈、开拓创新和无私奉献铸就的故事。之所以写作《科学的胜利》这本书，就是为了对他们做出的贡献致敬。

首先，我要衷心向“光速计划”项目的成员表示祝贺。在这次将不可能变为可能的大胆创举中，你们不仅志存高

远，也取得了成功。

其次，感谢我们的新冠疫苗合作伙伴，尤其是乌尔·萨欣和厄兹勒姆·图雷西。我对你们心怀感激，能与你们一起走过这段旅程，是我的荣幸。

感谢辉瑞的执行领导团队，感谢你们为疫苗研发做出的贡献，也感谢你们在全球各地践行我们的使命：**为患者带来改变其生活的突破创新**。我想象不出比你们更加优秀的团队，对你们的团结协作，我感激不尽。

感谢辉瑞董事会，无论是在全球疫情期间还是其他时间，你们都一如既往地贡献了自己的智慧，并尽全力支持我们。感谢你们如此坚定地支持我们的愿景。

感谢为本书贡献时间的辉瑞团队成员：埃里克·阿隆森（Eric Aaronson）、弗兰克·布里亚蒙特（Frank Briamonte）、安德烈亚·克里斯滕森（Andrea Christensen）、达娜·甘斯曼（Dana Gandsman）、埃德·哈纳加（Ed Harnaga）、道格·兰克勒、黛布拉·曼戈内（Debra Mangone）、安妮卡·诺格伦（Anneka Norgren）、萨莉·萨斯曼和蒂芙尼·特伦科（Tiffany Trunko）。特别感谢萨莉，你不仅是我的合作伙伴，也是整个项目的推动者。

感谢为首席执行官办公室提供支持的专业团队，他们认真投入工作，每天都在协助我们创造奇迹，包括促成本书出版。他们是米歇尔·班德尔（Michele Bander）、达纳·多蒂（Dana Dotti）、史蒂夫·法斯亚内拉（Steve Fascianella）、莉莉·哈基姆（Lily Hakim）、索尼娅·海德尔（Sonia Heidel）、约兰达·莱尔以及多萝西·奥玛拉（Dorothy O'Mara）。

诚挚地感谢所有接受采访的人，感谢你们为后世留下这些文字：感谢亚斯明·阿戈斯蒂（Yasmeen Agosti）、坦尼娅·奥尔康（Tanya Alcorn）、帕亚尔·萨妮·比彻、金·本克尔（Kim Bencker）、莫伊斯·布尔拉、塞莉丝·布尔拉、唐娜·博伊斯（Donna Boyce）、弗兰克·达梅利奥、林赛·迪奇（Lindsay Dietschi）、米凯尔·多尔斯滕、菲利普·多米策、莉迪亚·丰塞卡、比尔·格鲁伯、埃德·哈纳加、苏珊·霍克菲尔德（Susan Hockfield）、黄玮明、凯瑟琳·詹森、路易斯·霍达尔、约翰·路德维希、罗德·麦肯齐、迈克·麦克德莫特、凯文·纳弗（Kevin Nepveux）、达拉·理查森－赫伦（Dara Richardson-Heron）、卡罗琳·罗安（Caroline Roan）、玛蒂娜·莱尔（Martina Ryall）、苏珊·舒曼（Susan Schulman）、乔恩·塞利布和约翰·杨（John Young）。

感谢我的外部咨询顾问，感谢他们与我慷慨分享专业知识：克莱德·希尔出版公司（Clyde Hill Publishing）的格雷格·萧（Greg Shaw），哈珀科林斯出版集团的霍莉丝·亨巴赫（Hollis Heimbouch）及其团队，创新艺人经纪公司（Creative Artists Agency）的莫莉·格利克（Mollie Glick）及其团队，以及劳雷尔战略咨询公司（Laurel Strategies）的艾伦·弗莱施曼（Alan Fleischmann）及其同事。

感谢我的每一位读者。这部作品重现了我经历的那段充满巨大压力的时期。我已经尽己所能地确保记录尽量准确。这方面的任何错误，责任都在我。

写给辉瑞所有同仁的公开信：我们与科学同在

亲爱的同事们：

几个世纪以来，疫苗挽救了数百万人的生命，改变了人类历史的进程。事实上，除了清洁用水之外，疫苗接种算得上人类最重要的一笔健康投资。

辉瑞在疫苗研制方面有着充分的历史积累。130 多年来，在天花和脊髓灰质炎等致命传染病的全面或基本清零上，我们发挥了关键作用。我们设计出基于新的交付系统和科学技术的新型疫苗，在预防细菌感染方面起到了重要作用。而今，在其他生物制药公司的协力下，我们坚信即将再次创造历史，成功开发出安全有效的新冠疫苗。

在开拓创新疫苗方面所获成功的基础在于：我们明白，优秀的科学离不开严格的要求、对患者安全的重视，以及与同样致力于科学的诚信监管机构之间的密切合作。我们将这些原则作为灯塔，指引我们开发潜在的 mRNA 疫苗及治疗方法，全面抗击新冠病毒感染。在这一过程中，我们不会偷工减料，不会走捷径。

秉承着这种精神，辉瑞与一批疫苗研究人员和开发者一起做出了一项公开承诺，捍卫经时间检验的科学流程和监管协议，这些流程和协议确保了药物和疫苗的安全交付，且满足了患者未经满足的需求。这次同心同德的坚持，呼应了辉瑞在 3 月中旬发布的“五点计划”（Five Point Plan），这一计划以前所未有之势呼吁行业团结一致，共同抗击新冠病毒感染。为此，我对我们的行业感到无比骄傲。同时，我也为我们的公司感到无比自豪，因为发起这一承诺并邀请行业领袖同心协力的，就是辉瑞。

今天，辉瑞将一如既往地与科学同在，坚守我们的承诺，以科学原则而非政治因素为根基，进行新冠病毒潜在疫苗的开发和测试。我们呼吁每个人都投身到这项承诺之中，也包括读到这封信的各位。

阿尔伯特敬上

2020 年 9 月 8 日

前言　幸运从未降临在毫无准备的人身上

Centers for Disease Control and Prevention. “Polio Vaccination.” Vaccines and Preventable Diseases.

Dun & Bradstreet. “Array Biopharma Inc.” D&B Business Directory. Updated January 1, 2019.

Hopkins, Jared S. “Mylan Deal Furthers Pfizer CEO’s Bet on Patent-Protected Drugs.” *The Wall Street Journal*. Updated July 29, 2019.

Kennedy, John F. “John F. Kennedy Moon Speech-Rice Stadium.” Johnson Space Center. September 12, 1962.

Kuchar, E., M. Karlikowska-Skwarnik, S. Han, and A. Nitsch-Osuch. “Pertussis: History of the Disease and

Current Prevention Failure." In *Pulmonary Dysfunction and Disease*, edited by Mieczyslaw Pokorski, 77–82. Advances in Experimental Medicine and Biology. Cham, Switzerland: Springer International Publishing, 2016.

Mazzucato, Mariana. *Mission Economy: A Moonshot Guide to Changing Capitalism*. New York: Harper Business, 2021.

Merriam-Webster. "Moon shot."

Murray, Jessica. "Covid vaccine: UK woman becomes first in world to receive Pfizer jab." *The Guardian*.

Pfizer. "Pfizer Reports Second-Quarter 2020 Results." Press release. Business Wire. July 28, 2020.

World Health Organization. *Novel Coronavirus (2019-nCoV) Situation Report-1*. January 21, 2020.

World Health Organization. *Origin of SARS-CoV-2*. March 26, 2020.

01 非常时期，非常事业

Acevedo, Nicole, and Minyvonne Burke. "Washington state man becomes first U.S. death from coronavirus." NBC News. February 29, 2020.

Centers for Disease Control and Prevention. "In the Absence of SARS-CoV Transmission Worldwide: Guidance for Surveillance, Clinical and Laboratory Evaluation, and Reporting." SARS Home. Updated May 3, 2005.

C-SPAN. "President Trump Meeting with Pharmaceutical Executives on Coronavirus." March 2, 2020.

Greenwood, Brian. "The contribution of vaccination to global health: past, present and future." *Philosophical Transactions of the Royal Society B* 369, no. 1645 (June 2014).

Herper, Matthew. "In the race for a Covid-19 vaccine, Pfizer turns to a scientist with a history of defying skeptics—and getting results." Stat. August 24, 2020.

Kathimerini. "Delphi Economic Forum postponed because of coronavirus fears." February 29, 2020.

LeDuc, James W., and M. Anita Barry. "SARS, the First Pandemic of the 21st Century." *Emerging Infectious Diseases* 10, no. 26 (November 2004).

Office of Disease Prevention and Health Promotion. "Immunization and Infectious Diseases." Healthy People 2020. Updated June 23, 2021.

Okwo-Bele, Jean-Marie. "Together we can close the immunization gap." World Health Organization Media Centre. April 22, 2015.

UNICEF. "UNICEF reaches almost half of the world's children with life-saving vaccines." Press release. April 26, 2017.

Vaccines Europe. *Improving Access and Convenience to Vaccination*. June 2018.

World Health Organization. "Middle East respiratory syndrome coronavirus (MERS-CoV)." Newsroom. March 11, 2019.

World Health Organization. "Vaccines and immunization."

02 显而易见的选择，不见得一定最好

BioNTech. "BioNTech Signs Collaboration Agreement with Pfizer to Develop mRNA - based Vaccines for Prevention of Influenza." News release. August 16, 2018.

BioNTech. "Our Vision."

Updated January 11, 2020.

Dormitzer, Philip. "Rapid production of synthetic influenza vaccines." *Current Topics in Microbiology and Immunology* 386 (2015) : 237–73.

Geall, Andrew, Ayush Verma, Gillis R. Otten, Christine A. Shaw, Armin Hekele, Kaustuv Banerjee, Yen Cu, et al. "Nonviral Delivery of Self-Amplifying RNA Vaccines." *Proceedings of the National Academy of Sciences* 109, no. 36 (September 4, 2012) : 14604–9.

Marshall, Heather D., and Vito Iacoviello. "mRNA Vaccines for COVID-19— How Do They Work?" *EBSCO Health Notes*. Updated March 16, 2021.

Pardi, Norbert, Michael J. Hogan, Frederick W. Porter, and Drew Weissman. "mRNA Vaccines—A New Era in Vaccinology." *Nature Reviews Drug Discovery17* (2018) : 261–79.

Pfizer. "Pfizer and BioNTech Announce Further Details on Collaboration to Accelerate Global COVID-19 Vaccine Development." Press release. April 9, 2020.

Pfizer. "Pfizer and BioNTech Reach Agreement with Covax for Advance Purchase of Vaccine to Help Combat COVID-19." Press release. January 22, 2021.

Pfizer. "William C. Gruber, M.D., FAAP, FIDSA."

03 大胆创新，挑战不可能

Centers for Disease Control and Prevention. “1918 Pandemic Influenza: Three Waves.” Updated May 11, 2018.

The College of Physicians of Philadelphia. “Vaccine Development, Testing, andRegulation.” The History of Vaccines. Updated January 17, 2018.

David, Sharoon, and Paras B. Khandhar. “Double-Blind Study.” In StatPearls. Treasure Island (FL): StatPearls Publishing, 2021.

US Department of Health and Human Services, Food and Drug Administration, Center for Biologics Evaluation and Research. *Development and Licensure of Vaccines to Prevent COVID-19: Guidance for Industry*. June 2020.

US Department of Health and Human Services, Food and Drug Administration, Center for Biologics Evaluation and Research. *Emergency Use Authorization for Vaccines to Prevent COVID-19: Guidance for Industry*. May 25, 2021.

US Food and Drug Administration. “Coronavirus (COVID-19) Update: FDA Takes Action to Help Facilitate Timely Development of Safe, Effective COVID-19

Vaccines." Press release. June 30, 2020.

04 光速前进，一刻不停

Hopkins, Jared S. "How Pfizer Delivered a Covid Vaccine in Record Time: Crazy Deadlines, a Pushy CEO." *The Wall Street Journal*. December 11, 2020.

Johnson, Carolyn Y. "Large U.S. covid-19 vaccine trials are halfway enrolled, but lag on participant diversity." *The Washington Post*. August 27, 2020.

Pfizer. "About our Landmark Trial." 2021.

Pfizer. "BioNTech and Pfizer announce regulatory approval from German authorityPaul-Ehrlich-Institut to commence first clinical trial of COVID-19 vaccine candidates." Press release. April 22, 2020.

Pfizer. "Commitment to Diversity." Coronavirus COVID-19 Vaccine Updates. 2021.

Pfizer. "Our Values and Culture." 2019.

Pfizer. 2016 Annual Review. February 2017.

Redd, Nola Taylor. "How Fast Does Light Travel? | The

Speed of Light." Space.com.March 6, 2018.

Rottas, Melinda, Peter Thadeio, Rachel Simons, Raven Houck, David Gruben, David Keller, David Scholfield, et al. "Demographic diversity of participants in Pfizer sponsored clinical trials in the United States." *Contemporary Clinical Trials*106 (July 2021) : 106421.

Treisman, Rachel. "Outpacing The U.S., Hard-Hit Navajo Nation Has Vaccinated More Than Half Of Adults." NPR. April 26, 2021.

US Census Bureau. "QuickFacts." 2019.

05 狂喜

Bosman, Julie, Audra D. S. Burch, and Sarah Mervosh. "One Day in America: More Than 121,000 Coronavirus Cases." *The New York Times*. November 5, 2020.

Dreisbach, Tom. "Pfizer CEO Sold Millions In Stock After Coronavirus Vaccine News, Raising Questions." NPR. November 11, 2020.

Mueller, Benjamin. "U.K. Approves Pfizer Coronavirus Vaccine, a First in the West." *The New York Times*. December 2, 2020.

06 过去，现在，未来

Pfizer. “Pfizer and BioNTech Announce Vaccine Candidate Against COVID-19 Achieved Success in First Interim Analysis from Phase 3 Study.” Press release. November 9, 2020.

Pfizer. “Pfizer and BioNTech Receive Authorization in the European Union for COVID-19 Vaccine.” Press release. December 21, 2020.

Rosen, Bruce, Ruth Waitzberg, and Avi Israeli. “Israel's rapid rollout of vaccinations for COVID-19.” *Israel Journal of Health Policy Research* 10, no. 6 (January 6, 2021) .

Sweet, Jesse, dir. “Mission Possible: The Race for a Vaccine.” National Geographic CreativeWorks: Washington, DC, 2021. Aired March 11, 2021, on National Geo-graphic.

US Food and Drug Administration. “Pfizer-BioNTech COVID-19 Vaccine.”

World Health Organization. COVID-19 Weekly Epidemiological Update. November 17, 2020.

World Health Organization. “WHO issues its first emergency use validation for a COVID-19 vaccine and emphasizes need for equitable global access.” Press release. December 31, 2020.

07 生产，第二个奇迹

BBC News. “Covid-19: First man to get jab William Shakespeare dies of unrelated illness.” May 25, 2021.

Boucher, Dave, Kristen Jordan Shamus, and Todd Spangler. “Biden postpones visit to Pfizer facility in Portage until Friday.” *Detroit Free Press*. February 17, 2021.

Burger, Ludwig. “BioNTech-Pfizer raise 2021 vaccine output goal to 2.5 billion doses.” Reuters. March 30, 2021.

Bush, Evan, and Sandi Doughton. “Front-line medical workers get first doses of coronavirus vaccine in Seattle.” *The Seattle Times*. Updated December 16, 2020.

Cha, Ariana Eunjung, Brittany Shammas, Ben Guarino, and Jacqueline Dupree. “Record numbers of covid-19 patients push hospitals and staffs to the limit.” *The Seattle Times*. December 16, 2020.

Choi, Candace, and Michelle R. Smith. “States ramp up for biggest vaccinationeffort in US history.” *The Seattle Times*. Updated November 13, 2020.

Cott, Emma, Elliot deBruyn, and Jonathan Corum. "How Pfizer Makes Its Covid-19 Vaccine." *The New York Times.* April 28, 2021.

CVS. "CVS Health surpasses 10 million COVID-19 vaccine doses administered." Press release. April 1, 2021.

Griffin, Riley. "Pfizer to Deliver U.S. Vaccine Doses Faster Than Expected." *Bloomberg*. January 26, 2021.

Hess, Corrinne. "Pfizer's Pleasant Prairie Facility Could Supply Western US With Coronavirus Vaccine." Wisconsin Public Radio. December 9, 2020.

Johnson, Carolyn Y. "A vial, a vaccine and hopes for slowing a pandemic—how a shotcomes to be." *The Washington Post*. November 17, 2020.

Lowe, Derek. "RNA Vaccines And Their Lipids." *In the Pipeline* (blog). *Science Translational Medicine*. January 11, 2021.

Lupkin, Sydney. "Pfizer's Coronavirus Vaccine Supply Contract Excludes Many Taxpayer Protections." NPR. November 24, 2020.

Madani, Doha. "First trucks with Covid-19 vaccine roll out of Pfizer plant in Michigan." NBC News. December 13, 2020.

Mahase, Elisabeth. “Vaccinating the UK: How the Covid Vaccine Was Approved, and Other Questions Answered.” *BMJ* 371 (December 9, 2020) : m4759.

Mehta, Chavi. “Lyft, CVS Health partner to increase access to COVID-19 vaccines.” Reuters. February 19, 2021.

Moutinho, Sofia. “Syringe size and supply issues continue to waste COVID-19 vaccine doses in United States.” *Science*. March 26, 2021.

O'Donnell, Carl. “Why Pfizer's ultra-cold COVID-19 vaccine will not be at the local pharmacy any time soon.” Reuters. November 9, 2020.

Park, Alice. “The First Authorized COVID-19 Vaccine in the U.S. Has Arrived.” *Time*. December 11, 2020.

Pfizer. “COVID-19 Vaccine U.S. Distribution Fact Sheet.” November 2020.

Pfizer. “Pfizer and BioNTech to Supply the U.S. with 100 Million Additional Doses of COVID-19 Vaccine.” Press release. December 3, 2020.

Pfizer. “Pfizer Announces Agreement with Gilead to Manufacture Remdesivir for Treatment of COVID-19.” Press release. August 7, 2020.

Romo, Vanessa. "Some Vials Of COVID-19 Vaccine Contain Extra Doses, Expanding Supply, FDA Says." NPR. December 16, 2020.

Routledge. "John D Ludwig."

Rowland, Christopher. "Biden wants to squeeze an extra shot of vaccine out of every Pfizer vial. It won't be easy." *The Washington Post*. January 22, 2021.

Rowland, Christopher. "Inside Pfizer's race to produce the world's biggest supply of covid vaccine." *The Washington Post*. June 16, 2021.

Rowland, Christopher. "Pfizer spent months working to extract sixth dose from vialsas vaccine production shortfalls loomed." *The Washington Post*. February 3, 2021.

Rubicon Science. "Knauer develops Impingement Jet Mixing Technology for the production of mRNA-filled nanoparticles." April 20, 2021.

Shadburne, Sarah. "UPS ships out first round of Covid-19 vaccines from Louis-ville." *Louisville Business First*. December 14, 2020.

Stares, Justin. "The beer and beauty fame of the Belgian town that is about to save the world." *Daily Mail*. November 14, 2020.

Taliaferro, Lanning. “Rockland Coronavirus: Restrictions Imposed In 4 New Hot Spots.” *Patch*. November 19, 2020.

Thomas, Katie, Sharon LaFraniere, Noah Weiland, Abby Goodnough, and MaggieHaberman. “F.D.A. Clears Pfizer Vaccine, and Millions of Doses Will Be ShippedRight Away.” *The New York Times*. December 11, 2020.

Weintraub, Karen, and Elizabeth Weise. “The sprint to create a COVID-19 vaccinestarted in January. The finish line awaits.” *USA Today*. Updated September 12, 2020.

World Health Organization. “Tozinameran COVID-19 mRNA Vaccine (nucleosidemodified) —COMIRNATY® (Pfizer–BioNTech) Training.” January 27, 2021.

08 平等，谈何容易

Bourla, Albert. “An Open Letter from Pfizer Chairman and CEO to Colleagues.” Pfizer. May 7, 2021.

Britannica. “Ursula von der Leyen.”

Centers for Disease Control and Prevention. “CDC Vaccine Price List.” UpdatedJuly 1, 2021.

Centers for Disease Control and Prevention. “Vaccine

Effectiveness: How Well Do the Flu Vaccines Work?" Updated May 6, 2021.

Cooper, Ryan. "Trump's jaw-dropping vaccine screwup." *The Week*. December 9, 2020.

Das, Krishna. "India delays big exports of AstraZeneca shot, as infections surge." Reuters. March 24, 2021.

The Economist. "India's Covid-19 Crisis Has Spiralled out of Control." May 3, 2021.

Gaurav, Kunal. "Covid-19 travel ban: These countries have restricted flights to and from India." *Hindustan Times*. May 4, 2021.

LaFraniere, Sharon, and Zach Montague. "Pfizer Seals Deal With U.S. for100 Million More Vaccine Doses." *The New York Times*. December 23, 2020.

Lupkin, Sydney. "Defense Production Act Speeds Up Vaccine Production." NPR.March 13, 2020.

Lupkin, Sydney. "U.S. Government May Find It Hard To Get More Doses Of Pfizer's COVID-19 Vaccine." NPR. December 10, 2020.

Office of the United States Trade Representative. "Statement from Ambassador Katherine Tai on the

Covid-19 Trips Waiver." Press release. May 5, 2021.

Pfizer. "Angela Hwang."

Pfizer. "Pfizer and BioNTech Celebrate Historic First Authorization in the US of Vaccine to Prevent Covid-19." Press release. December 11, 2020.

Pfizer. "Pfizer and BioNTech Reach Agreement With Covax For Advance Purchase of Vaccine to Help Combat COVID-19." Press release. January 22, 2021.

Phartiyal, Sankalp, and Alasdair Pal "India's daily COVID-19 cases pass 400 000 for first time as second wave worsens." Reuters. Updated April 30, 2021.

Reuters. "African Union drops AstraZeneca vaccine, which COVAX will supply." April 8, 2020.

Reuters. "Pfizer-BioNTech to provide 1 bln vaccines to poorer nations this year." May 21, 2021.

Shear, Michael D., and David E Sanger. "Biden Aims to Bolster U.S. Alliances in Europe, but Challenges Loom." *The New York Times*. Updated June 11, 2021.

Stacey, Kiran. "Jeff Zients: the 'Mr Fix It' in charge of tackling the US Covid crisis." *Financial Times*, January 20, 2021.

Stearns, Jonathan, Alberto Nardelli, and Nikos Chrysoloras. "Faced With Vaccine Shortages, EU Set to Impose Export Controls." Bloomberg. January 28, 2021.

US Department of Health and Human Services. "Fact Sheet: Explaining Operation Warp Speed." December 21, 2020.

US Embassy & Consulates in the United Kingdom. "COVID-19 Information."

Twohey, Megan, Ketin Collins, and Katie Thomas. "With First Dibs on Vaccines, Rich Countries Have 'Cleared the Shelves.'" *The New York Times*. Updated De-cember 18, 2020.

The Week. "Tregenna Castle: inside the Cornwall resort hosting G7 summit leaders." June 10, 2021.

Weixel, Nathaniel. "US comes under pressure to share vaccines with rest of world." *The Hill*. March 14, 2021.

World Bank. "The World Bank Atlas method—detailed methodology."

World Bank. "The World by Income and Region." World Development Indicators. 2020.

World Health Organization. "Biography: Dr Tedros

Adhanom Ghebreyesus."

World Health Organization. "Dr Tedros takes office as WHO Director-General." Press release. July 1, 2017.

World Health Organization. "What is the ACT-Accelerator."

World Health Summit. "Albert Bourla."

World Trade Organization. "Export Controls and Export Bans over the Course of the Covid-19 Pandemic." Press release. April 29, 2020.

World Trade Organization. "Overview: the TRIPS Agreement."

09 穿越政治"雷区"

Aljazeera. "As Olympics begin, Japan rolls out red carpet for Pfizer CEO." July 23, 2021.

Baron, John. "The Life of Edward Jenner, M.D., LL.D., F.R.S., Physician Extraor-dinary to His Majesty George IV., Foreign Associate of the National Institute of France, With Illustrations of His Doctrines, and Selections from His Correspondence." *Edinburgh Medical and Surgical Journal* 51, no. 139 (April 1, 1839): 500–527.

Biden, Joseph R. "Inaugural Address by President Joseph R. Biden, Jr." Speech. Washington, DC. January 20, 2021.

Department of Health and Social Care. "UK COVID-19 vaccines delivery plan." Gov.uk. Updated January 13, 2021.

Guarascio, Francesco. "EU to shortly sign world's largest vaccine deal with Pfizer." Reuters. April 23, 2021.

International Olympic Committee. "Who was Pierre de Coubertin?" April 28, 2021.

Jenner Institute. "About Edward Jenner."

Johnson, Boris. "Excellent conversation with Albert Bourla yesterday." LinkedIn. January 14, 2021.

Lentz, Thierry. "Talking Point with Thierry Lentz: Vaccination: When Napoleon Declared War on Smallpox." Napoleon.org.

Maan, Anurag, Shaina Ahluwalia, and Kavya B. "Global coronavirus cases exceed 50 million after 30-day spike." Reuters. November 8, 2020.

Navajo Nation OPVP Communications. "Live Town Hall Meeting with Dr. Albert Bourla 12.24.20." YouTube. Streamed live December 24, 2020.

Obrador, Andrés Manuel López. "Presidente afianza con Pfizer compromiso de entrega de vacunas." Press release. January 19, 2021.

Pfizer. "Pfizer and BioNTech to Provide COVID-19 Vaccine Doses for Olympic Athletes at the 2020 Tokyo Games." Press release. May 6, 2021.

Rickert, Levi. "Navajo Nation President Spoke with Pfizer CEO about Vaccine on Wednesday." Native News Online. December 9, 2020.

Shea, Sandra L. "How Can Scientists Promote Peace?" *Temperature* 5, no. 1 (Febru-ary 22, 2018) : 7–8.

von der Leyen, Ursula. "Statement by President von der Leyen, Prime Minister of Belgium De Croo, CEO of Pfizer Bourla, and co-founder and Chief MedicalOfficer of BioNTech Türeci, following the visit to the Pfizer manufacturing plant in Puurs, Belgium." Speech. Puurs, Belgium. April 23, 2021.

Zeidler, Maryse. "Canadians' hesitancy about COVID-19 vaccine dropping, new poll suggests." CBC News. March 8, 2021.

10 希望的灯塔

Arlosoroff, Meirav. “Israel’s Population Is Growing at a Dizzying Rate. Is It Up for the Challenge?” *Haaretz*. January 4, 2021.

Benmeleh, Yaacov. “World-Leading Vaccine Push Augurs Return to Normal in Israel.” Bloomberg. February 16, 2021.

Bourla, Albert. “While Caution Should Be Used in Extrapolating to Other Countries, These Observational Findings Are Demonstrating the Impact We Have in Reducing Human Pain and Makes All of Us at Pfizer so Proud.

Centers for Disease Control and Prevention. “Joint CDC and FDA Statement on Vaccine Boosters.” Press statement. July 8, 2021.

Centers for Disease Control and Prevention. “Joint Statement from HHS Public Health and Medical Experts on COVID-19 Booster Shots.” Press statement. August 18, 2021.

Centers for Disease Control and Prevention. “Media Statement from CDC Director Rochelle P. Walensky, MD, MPH, on Signing the Advisory Committee on Immunization Practices’ Recommendation for an Additional Dose of an mRNA COVID-19 Vaccine in Moderately to Severely Immunocompromised People." Press statement. August 13, 2021.

Centers for Disease Control and Prevention. "Science Brief: Background Rationale and Evidence for Public Health Recommendations for Fully Vaccinated People." Updated April 2, 2021.

Centers for Disease Control and Prevention. "Science Brief: COVID-19 Vaccines and Vaccination." Updated July 27, 2021.

Dimolfetta, David. "Netanyahu visits grave of Yoni, killed during Operation Entebbe 43 years ago." *The Jerusalem Post*. July 10, 2019.

Erman, Michael, and Maayan Lubell. "Pfizer/BioNTech say data suggests vaccine 94%effective in preventing asymptomatic infection." Reuters. March 11, 2021.

Friedman, Gabe. "Meet Mikael Dolsten, the Jewish immigrant leading Pfizer's vaccine charge." *Baltimore Jewish Times*. December 30, 2020.

Haas, Eric J., Frederick J. Angulo, John M. McLaughlin, Emilia Anis, Shepherd

R. Singer, Farid Khan, Nati Brooks, et al. "Impact and Effectiveness of MRNA BNT162b2 Vaccine against SARS-CoV-2 Infections and COVID-19 Cases, Hospitalisations, and Deaths Following a Nationwide Vaccination Campaign in Israel: An Observational Study Using National Surveillance Data." The Lancet 397, no. 10287 (May 15, 2021) : 1819–29.

Jaffe-Hoffman, Maayan. "Israel signs agreement with Pfizer, Moderna for millionsmore COVID-19 vaccines." *The Jerusalem Post*. April 20, 2021.

Lardieri, Alexa. "All Israelis Over 16 Are Eligible for Coronavirus Vaccine." *U.S. News & World Report*. February 4, 2021.

Pfizer. "Pfizer and BioNTech Provide Update on Booster Program in Light of the Delta-Variant." Press release. July 8, 2021.

Ritchie, Hannah, Esteban Ortiz-Ospina, Diana Beltekian, Edouard Mathieu, Joe Hasell, Bobbie MacDonald, Charlie Giattino, Cameron Appel, Lucas Rodes-Guirao, and Max Roser. "Coronavirus Pandemic (COVID-19) ." OurWorldInData.org. 2020.

Srivastava, Mehul. "Israelis raise glass to Pfizer as lockdown ends." Financial Times. March 12, 2021.

State of Israel Ministry of Health. "MoH Pfizer Collaboration Agreement." January 6, 2021.

Tikkanen, Roosa, Robin Osborn, Elias Mossialos, Ana Djordjevic, and George A. Wharton. "Israel." The Commonwealth Fund: International Health Care System Profiles. June 5, 2020.

Times of Israel. "Pfizer CEO hails 'obsessive' Netanyahu for calling 30 times to seal vaccine deal." March 11, 2021.

Times of Israel. "Pfizer CEO to Visit Israel in March—Report." February 21, 2021.

VOA News. "World Marks One-Year Anniversary of WHO's Official Declaration of COVID-19 Pandemic." March 11, 2021.

11 信任的科学，科学的胜利

Appeal of Conscience Foundation. "Dr. Albert Bourla acceptance remarks upon receiving the 2021 Appeal of Conscience Award." May 26, 2021.

Bourla, Albert. "An Open Letter from Pfizer Chairman and CEO Albert Bourla." Pfizer. October 16, 2020.

Doshi, Peter. "Covid-19 Vaccine Trial Protocols Released." BMJ 371 (October 21, 2020) : m4058.

Gottfried, Jeffrey, Mason Walker, and Amy Mitchell. "Americans' Views of the News Media During the COVID-19 Outbreak." Pew Research Center. May 8, 2020.

Lee, Bruce Y. "Trump Suggests 'Deep State' At FDA Is Delaying Covid-19 Corona-virus Vaccine Testing." *Forbes.* August 22, 2020.

Merriam-Webster. "Trust."

Pfizer. "Biopharma Leaders Unite To Stand With Science." Press release. September 8, 2020.

Pfizer. "Let's Undo Underrepresented Diversity in Clinical Trials."

Pfizer. "No Stone Left Unturned In The Fight Against COVID-19." YouTube. Sep-tember 2, 2020.

Pfizer. "Science Will Win-Ask Science." YouTube. April 15, 2020.

Robert Wood Johnson Foundation and the Harvard T.H. Chan School of Public Health. "The Public's Perspective on the United States Public Health System." May 13, 2021.

Snyder Bulik, Beth. “Pharma’s reputation rehab: A whopping two-thirds of Ameri-cans now offer a thumbs-up, Harris Poll finds.” *Fierce Pharma*. February 19, 2021.

Stacey, Kiran. “FDA head says he is willing to fast-track Covid-19 vaccine.” *Financial Times*. August 30, 2020.

Sweet, Jesse, dir. “Mission Possible: The Race for a Vaccine.” National Geographic CreativeWorks: Washington, DC, 2021. Aired March 11, 2021, on National Geo-graphic.

Vardi, Nathan. “The Race Is On: Why Pfizer May Be the Best Bet to Deliver a Vaccine by the Fall.” Forbes. May 20, 2020.

VOA News. “Fauci ‘Cautiously Optimistic’ About Coronavirus Vaccine.” July 31, 2020.

Wagner, Meg, and Melissa Macaya. “Fauci testifies on coronavirus response.” CNN. July 31, 2020.

Westall, Mark. “Pfizer’s Vaccine Branding Victory Delivers Lessons for Marketers Everywhere.” *AdAge*. July 19, 2021.

12 患者第一，创新先行

Cubanski, Juliette, Tricia Neuman, Kendal Orgera, and

Anthony Damico. *No Limit: Medicare Part D Enrollees Exposed to High Out-of-Pocket Drug Costs Without a HardCap on Spending*. The Henry J. Kaiser Family Foundation. November 2017.

European Commission. "Health technology assessment."

Miao, Lei, Yu Zhang and Leaf Huang. "mRNA vaccine for cancer immunotherapy." *Molecular Cancer* 20, no. 41 (February 25, 2021).

Pfizer. "Pfizer Reports Strong First-Quarter 2021 Results." Press release. May 4, 2021.

Pfizer. "Rod MacKenzie, PH.D."

Smithsonian National Air and Space Museum. "The Journey Home." Apollo to the Moon.

The White House. "Fact Sheet: President Biden Takes Executive Actions to Tackle the Climate Crisis at Home and Abroad, Create Jobs, and Restore Sci-entific Integrity Across Federal Government." Press release. January 7, 2021.

World Health Organization. "Cancer." March 3, 2021.

后记 开启属于你的奇迹之旅

The Carter Center. "Corporate, Government, and Foundation Giving."

The Carter Center. "Jimmy Carter (biography)." November 6, 2019.

Pfizer. "Board Members."

Weiner, Stacy. "Applications to medical school are at an all-time high. What does this mean for applicants and schools?" American Association of Medical Colleges (AAMC). October 22, 2020.

未来，属于终身学习者

我这辈子遇到的聪明人（来自各行各业的聪明人）没有不每天阅读的——没有，一个都没有。巴菲特读书之多，我读书之多，可能会让你感到吃惊。孩子们都笑话我。他们觉得我是一本长了两条腿的书。

——查理·芒格

互联网改变了信息连接的方式；指数型技术在迅速颠覆着现有的商业世界；人工智能已经开始抢占人类的工作岗位……

未来，到底需要什么样的人才？

改变命运唯一的策略是你要变成终身学习者。未来世界将不再需要单一的技能型人才，而是需要具备完善的知识结构、极强逻辑思考力和高感知力的复合型人才。优秀的人往往通过阅读建立足够强大的抽象思维能力，获得异于众人的思考和整合能力。未来，将属于终身学习者！而阅读必定和终身学习形影不离。

很多人读书，追求的是干货，寻求的是立刻行之有效的解决方案。其实这是一种留在舒适区的阅读方法。在这个充满不确定性的年代，答案不会简单地出现在书里，因为生活根本就没有标准确切的答案，你也不能期望过去的经验能解决未来的问题。

而真正的阅读，应该在书中与智者同行思考，借他们的视角看到世界的多元性，提出比答案更重要的好问题，在不确定的时代中领先起跑。

湛庐阅读 App：与最聪明的人共同进化

有人常常把成本支出的焦点放在书价上，把读完一本书当作阅读的终结。其实不然。

时间是读者付出的最大阅读成本

怎么读是读者面临的最大阅读障碍

“读书破万卷”不仅仅在“万”，更重要的是在“破”！

现在，我们构建了全新的“湛庐阅读”App。它将成为你“破万卷”的新居所。在这里：

- 不用考虑读什么，你可以便捷找到纸书、电子书、有声书和各种声音产品；
- 你可以学会怎么读，你将发现集泛读、通读、精读于一体的阅读解决方案；
- 你会与作者、译者、专家、推荐人和阅读教练相遇，他们是优质思想的发源地；
- 你会与优秀的读者和终身学习者为伍，他们对阅读和学习有着持久的热情和源源不绝的内驱力。

从单一到复合，从知道到精通，从理解到创造，湛庐希望建立一个“与最聪明的人共同进化”的社区，成为人类先进思想交汇的聚集地，与你共同迎接未来。

与此同时，我们希望能够重新定义你的学习场景，让你随时随地收获有内容、有价值的思想，通过阅读实现终身学习。这是我们的使命和价值。

北京市版权局著作权合同登记号　图字：01-2023-1775

图书在版编目（CIP）数据

科学的胜利 /（希）艾伯乐著；靳婷婷译．-- 北京：中国财政经济出版社，2023.4
书名原文：Moonshot
ISBN　978-7-5223-1934-6

Ⅰ．①科…　Ⅱ．①艾…　②靳…　Ⅲ．①制药工业—工业企业管理—经验—美国　Ⅳ．①F471.267

中国国家版本馆 CIP 数据核字（2023）第 019362 号

责任编辑：翁晓红　　责任校对：胡永立
封面设计：张志浩　　责任印制：张　健

科学的胜利
KEXUE DE SHENGLI

中国财政经济出版社 出版
URL：http://www.cfeph.cn
E-mail:cfeph@cfemg.cn

社址：北京市海淀区阜成路甲 28 号　　邮政编码：100142
营销中心电话：010-88191522
天猫网店：中国财政经济出版社旗舰店
网址：https://zgczjjcbs.tmall.com
唐山富达印务有限公司印装　　各地新华书店经销
成品尺寸：147mm×210mm　　32 开　　10.25 印张　　181 000 字
2023 年 4 月第 1 版　　2023 年 4 月第 1 次印刷
定价：119.90 元
ISBN 978-7-5223-1934-6
（图书出现印装问题，本社负责调换，电话：010-88190548）
本社图书质量投诉电话：010-88190744
打击盗版举报热线：010-88191661　　QQ：2242791300